SNEIJDER

Kees Jansma

Sneijder

INSIDE

Eerste druk, juni 2020
Tweede druk, juli 2020

Omslagontwerp: Loudmouth, Utrecht
Typografie: Crius Group, Hulshout
Tekstbewerking: Rick van Leeuwen en Joke Jonkhoff

ISBN 978 90 488 5503 2
ISBN 978 90 488 5504 9 (e-book)
NUR 491

OVERAMSTEL
uitgevers

Inside is een imprint van Overamstel Uitgevers bv

Inhoud

Voorwoord

Het is 15 november, 2003. Oranje speelt op Hampden Park in Glasgow tegen Schotland. De eerste play-off-ontmoeting voor een ticket naar het EK 2004 in Portugal. Door een goal van McFadden verliest Oranje deze heenwedstrijd met 1-0. Deelname aan het Europees Kampioenschap lijkt ver weg.

Nederland is in paniek. We zullen toch niet, na het gemiste WK 2002, weer ontbreken op een eindtoernooi?

Wesley Sneijder maakt deel uit van de selectie, maar komt tijdens die ontluisterende nederlaag niet in actie. In aanloop naar de beslissende return in Amsterdam leer ik, als journalist, Wesley Sneijder een beetje kennen. Ik ben dan nog geen perschef van Oranje, dat word ik na het EK 2004.

De relatie tussen pers en Oranje-spelersgroep is weer eens slecht, maar de negentienjarige Wesley trekt zich daar niet veel van aan. Olijk slaat hij mij op de schouder en schaterlachend zegt hij dat ik mijn 'vriend Advocaat' maar eens moet overhalen hem in de ArenA op te stellen. 'Appeltje-eitje, die gasten kunnen er geen klote van.'

Een uitspraak die ik hem in de jaren erop nog vaak, vol

overtuiging en in verschillende varianten, heb horen herhalen. Om te beginnen direct na de return, die Oranje met 6-0 wint, met een hoofdrol voor basisspeler Wesley Sneijder. Ook zijn maatje Rafael van der Vaart staat die avond aan de aftrap, tegen de wanhopige Schotten. Wesley scoort, strooit met passes en geeft assists. 'De jeugd grijpt de macht,' kopt *De Telegraaf* de volgende dag.

En Wesley Sneijder zegt tegen mij: 'Die Schotten kunnen er geen kut van.'

Ik heb hem 134 interlands lang van dichtbij meegemaakt. Zowel sportief als privé. Eerst als journalist, maar vooral als perschef van het Nederlands elftal. En hij altijd als Wesley Sneijder. Altijd zichzelf. Of hij nou voor Ajax, Real Madrid, Internazionale, Galatasaray, Nice, Al-Gharafa of Oranje speelde. Voetballend vaak meesterlijk, soms goed, soms slecht, maar ook altijd: Wesley Sneijder.

Hij won meer dan twintig grote prijzen, was de hoofdrolspeler bij topclubs, excelleerde voor Oranje tijdens de WK's en is een echte volksheld, die als persoon vaak gelukkig en soms ongelukkig is. Die een uitgesproken mening heeft en vaak onderwerp van discussie is, als voetballer en als bekendheid, zowel in de serieuze media als in de boulevardpers.

We hebben elkaar door de jaren heen goed leren kennen. De lach overheerste, maar ellende was er ook. En waar we met Oranje ook waren, hij belde me dagelijks om half acht wakker. 'Koffie, badmuts?'

En dan dronken we koffie. Eenzaam, ver van huis, haard, familie en vrienden, maar nooit alleen.

Het mag duidelijk zijn, ik ben niet objectief. Ik vond en vind Wesley een aardig mannetje. Een interessant persoon ook, met een moeilijk karakter en voorzien van tegenstrijdige eigenschappen; wilskrachtig en gemakzuchtig, weerbarstig en meegaand, beïnvloedbaar en moeilijk te overtuigen. Slap, sterk.

Maar bovenal vind ik Wesley Sneijder een grandioos voetballer en een echte liefhebber. Zijn goal tegen Schotland, 'voor Dickie', zijn doelpunten tegen Louis en voor Louis, zijn WK met Bert, zijn bloedvorm onder Mourinho, zijn linker- en rechterbeen, zijn passes...

En hij is natuurlijk onze recordinternational. Dat sneeuwt de laatste tijd een tikkie onder. Het is tegenwoordig meer boulevardpers dan voetbaljournalistiek. Daarom dit boek. Daarom vroeg ik dit keer aan hém: 'Koffie, Wes?'

'Doen we, badmuts.'

Kees Jansma

Ondiep

Ik ben geboren en getogen in de Utrechtse wijk Ondiep. We woonden in de Vijgeboomstraat, niet ver van het Zandpad. Dat zal jij wel kennen, Kees, daar zaten de hoeren.

We voetbalden de godganse dag op het Boerhaaveplein. Alleen met gasten uit Ondiep, anderen kwamen de wijk niet in. Het was onze wijk. We leefden op straat, tot 's avonds laat. En we leefden van het kattenkwaad. Dat was het, in het begin. We schopten de bal regelmatig bij mensen in de voortuin of door een raam en dan moest ik de bal halen en sorry zeggen. 'Dat kan jij,' zeiden die gasten. 'Jij zet je schijnheilige smoel op en bent opeens een leuk, geinig joch.' Ik kon natuurlijk ook al aardig tegen een bal trappen, op mijn vijfde al, dus ze hadden wel respect voor me.

Ik sliep thuis op één kamertje met Jeffrey, in een stapelbed. Boven mijn bed hingen posters van Marco van Basten, Frank Rijkaard en Ruud Gullit. De helden van AC Milan, ik adoreerde ze. In 1988, na het gewonnen EK, stond ik voor het gebouw van Douwe Egberts aan de A2 bij Utrecht te wachten op de spelersbus van het Nederlands elftal, met al die beroemdheden erin. Uren wachten en even wuiven.

Eigenlijk best gek, dat ik me dat nog kan herinneren. Ik was vier jaar, man. Waarschijnlijk vergeet ik het nooit meer, omdat iedereen zo blij was. En iedereen bleef juichen. Het was ook een stoer gezicht, die Hollanders in zo'n mooi shirt. De helden van de Serie A, voor mij toen nog heel ver weg. We zagen al hun wedstrijden op televisie, in samenvattingen bij de NOS. Toen ik ze later tegenkwam, ging dat eigenlijk heel raar. Ik had respect voor hen, zij voor mij. Dat gaat zo bij voetballers, dan wordt er niet meteen over grote successen gesproken. Marco kwam natuurlijk uit Utrecht, dus ook mijn held, Gullit vond ik de showman en Rijkaard? Hij was de stille kracht. Ik keek naar ze, ik vond ze fantastisch. Maar toen ik ze zelf sprak vond ik dat eigenlijk heel normaal. Toen ging mijn eigen loopbaan voor.

Ik ken de helft van mijn familie niet eens. Mijn oma, de moeder van mijn moeder, had 22 kinderen! Een aantal jaar geleden tijdens een reünie moest ik me aan meer dan de helft voorstellen. De echte Ondiepers kende ik; anderen waren weggetrokken.

Mijn ouders hadden met Jeffrey, mijn oudste broer, en met mij best wat problemen. Ze probeerden streng te zijn. Maar we hadden niks, dus zij moesten keihard werken en waren daarom vaak weg. Mijn vader monteerde glijbanen in pretparken door heel Europa, mijn moeder maakte schoon in kantoren. Mijn vader, Berry, ging later ook in de nachtdienst bij de PTT. Er moest eten op tafel komen en wij moesten er netjes uitzien.

Ik voelde me bevoorrecht en de voordeur stond bij ons altijd letterlijk open. Voor iedereen die maar wilde langskomen of wilde blijven slapen. Soms zaten we met tien gasten in dat kleine huisje. En wanneer we ergens heen moesten, bracht mijn vader me. Hij kwam ook altijd naar onze wedstrijden kijken. Mijn moeder, Sylvia, weinig. Zij was volgens mij blij als we allemaal even het huis uit waren. Kon ze al die voetbalkleren wassen, of weer ergens gaan poetsen, voor een paar centen.

Jeffrey, ik en Rodney – de jongste – hadden aandacht nodig en we flikten van alles. Het liep regelmatig uit de hand. Ik zat een keer thuis op de bank toen een vriendje kwam aanhollen om te vertellen dat Jeffrey in elkaar was geslagen. Dat kon niet. Toen niet, nu niet. Mijn broers zijn alles voor me. Ik eropaf. Bleek die gozer een meter groter dan ik. Niet zo vreemd, want iedereen was een meter groter dan ik. Toch heb ik direct op hem ingebeukt... En kwam ik daarna totaal verfrommeld thuis. Kreeg ik daar nóg eens op mijn donder.

Het ging in Ondiep om eer. Er viel in die tijd niets te romantiseren. Het was ons leven, we genoten van de wijk en we gruwelden ervan. Aan Ondiep viel niet te ontsnappen. De criminaliteit was altijd dichtbij en ik heb eraan meegedaan. Raampje van een auto ingetikt, portemonnee van de voorbank gejat en wegwezen. Twee uur later, thuis, wist

Jeffrey het al... Ik kon kiezen, of de helft van die centen aan hem geven, of hij vertelde het aan papa en mama. Gaf ik hem snel de helft, of eigenlijk iets minder dan de helft...

De politie hield de wijk scherp in de gaten, maar we waren nogal moeilijk te pakken. Soms reed de politie te paard Ondiep binnen om de boel uit te kammen. Iedereen dekte elkaar als het nodig was. We gingen alleen al uit eensgezindheid met de vijand op de vuist. Niet eerst vragen wat er aan de hand was. En iedereen van buiten Ondiep was de vijand. Veel gasten van ons uit die tijd zijn naar de kloten gegaan. Armoede, criminaliteit. Ergens onderweg kregen velen een kans om eraan te ontsnappen, maar dat is weinigen gelukt.

Ik zat op de lagere school in de Amandelstraat, even verderop in Ondiep, en kon goed leren. Ik was wel een ratje. Een aardig ratje. Eerst ben ik verlegen wanneer ik ergens nieuw kom, maar na drie dagen sta ik vooraan. Moet wel, anders zie ik niks... Ik laat me dan ook gelden, schop van me af. Toen op school ook, zeker toen ik vanaf mijn zevende naar Ajax ging.

Via de talentendagen kwam ik bij Ajax. Mijn broer speelde al bij de club en ik was er ook regelmatig te vinden.Mijn aanwezigheid was ze toen al opgevallen.

Als klein Utrechts mannetje ging ik naar Ajax, met zo'n grote Ajax-tas sjouwend door Ondiep. Dan moet je als jochie sterk in je schoenen staan. Waarvoor ze mij allemaal niet hebben uitgemaakt... Daar krijg je nu nog een ernstige ziekte van. Later, op het Prisma College in Lunetten, ging ik weer met die Ajax-tas naar school en werd ik elke dag door het Ajax-busje opgehaald. Ook geen feest. 'Ga je weer naar die neuzen?' Want zo worden de Ajaxspelers en fans in Utrecht genoemd. Ze vonden me een overloper. Of ze hadden het hardop over dat klote-Ajax, om me te intimideren. Dat heeft mij gevormd. Ze zouden mij niet klein krijgen. Niet nog kleiner...

Ik had een havo/vwo-advies en wist ook wel dat ik het kon, vooral door mijn gevoel voor taal. Maar net in die tijd drong het besef bij me door dat ik het wel eens kon gaan redden bij Ajax.

Ik had in Patrick Ladru een fantastische trainer. Die gaf me altijd volop aandacht. 'Dat heb jij nodig, vriendje,' zei hij dan. 'Maar je verdient het ook.' Hij zei altijd dat niet Ajax mij goed zou maken. Dat deed ikzelf. Hij maakte mij beter.

Het was jaar in jaar uit, vanaf mijn zevende, spannend aan het einde van het seizoen. Dan moest je op gesprek. Blijven en doorgaan, of wegwezen... Zenuwslopend. Een voor een werd je binnengeroepen. Na een paar jaar hadden we de procedure gelukkig wel door. Wie mocht blijven, werd als eerste binnengeroepen. Wie werd weggestuurd, kwam aan het eind. Die kon dan ook meteen zijn spullen inleveren.

Ik scoorde de eerste paar jaar tijdens die beoordelingen een zesje, vooral omdat ik snelheid te kort kwam. Maar ik mocht wel steeds door. Daarna gingen de cijfers omhoog, van een 6.5 naar een 7, naar een 7.5 en door. Het ging vaak over mijn fysiek. Ik zou te klein zijn voor het grote werk. Maar ze vonden me ook sterk, een stevig kereltje. Ze zagen het steeds meer in mij zitten. Ze wisten gelukkig niets van mijn Ondiep-gedrag, anders hadden ze me er zo uit gedonderd.

Ajax werd belangrijker en school lastiger. Bij het zoveelste slechte cijfer zei de lerares van het Prisma dat ik de enige in de klas was die weer een onvoldoende had gehaald. 'Ga eens leren, Wes!' 'Maar ik ben ook de enige die profvoetballer word,' antwoordde ik. Iedereen lachte zich gek. 'Dat kan niet,' zei ze, 'die kans is een op duizend! 'Klopt helemaal!' zei ik weer. Zij vond me een vwo-klant, maar ik koos uiteindelijk zelf voor de mavo. Snel een diploma ophalen en alles op Ajax zetten. Mijn droom moest uitkomen.

Jeffrey speelde ook bij Ajax, maar hij heeft het niet gehaald. Te vaak en te vroeg geblesseerd. Zo jammer. Het is niet zo dat hij onder mijn naam heeft geleden, hij was al weg toen ik doorbrak. Rodney had er wel last van. Hij kwam na mij en werd altijd met zijn oudere broer vergeleken. Oneerlijk, hij werd daar doodziek van. Met een andere achternaam had hij nu nog in de Eredivisie gespeeld. Ik heb in die jaren zoveel jongens om me heen zien afvallen. Alleen John Heitinga niet, die was en bleef erbij.

Nu realiseer ik me dat ik echt ieder seizoen moest presteren. Dat geldt trouwens ook voor mijn broers. Het was zwaar, maar niet te zwaar. We hadden er blijkbaar de capaciteiten voor. Aan het eind van ieder seizoen kreeg je een rapport. Ga ik over? Die tijd kon zenuwslopend zijn. Ook omdat de trainers nou niet bepaald complimenteus waren. Dat zijn de gasten die je bij je amateurcluppie begeleiden wel, logisch, maar bij Ajax is dat minder. Dat brengt dan spanning met zich mee. Bij de eerste training bijvoorbeeld. Aan de andere kant, ik ben een jongen uit Ondiep, daar groei je niet op met heel veel complimentjes. Al kreeg ik ze heus wel, op z'n tijd van mijn pa en Jeffrey.

Op mijn zestiende kreeg ik bij Ajax een zogenaamd 'koelkastcontract'. Het eerste jaar 80.000 gulden, het tweede jaar 100.000. Ongekend voor een *gassie* uit Ondiep. Maar we hebben daar ook voor moeten afzien, vooral mijn ouders. Telkens naar Amsterdam, zonder dat Ajax ook maar iets vergoedde. Dat kostte een sloot aan benzine, geld dat er eigenlijk niet was. Maar voetballen zouden we en dat geld kwam er. Desnoods nam mijn moeder er nog een pandje bij.

Zij hebben er zoveel voor moeten doen en laten. Ik zie nog het gezicht van mijn moeder toen ze aan de buurt vertelde dat we nieuwe meubels kregen, omdat ik een contract bij Ajax had. En daarna ging ze rondjes rijden in de nieuwe Mitsubishi Carisma, die we kochten van mijn eerste Ajaxgeld. Rolde er ineens zo'n grote, glinsterende Japanner door de wijk!

* * * *

Voor mij, als perschef van Oranje, was hij een van de makkelijkste spelers. Journalisten uit alle uithoeken van de wereld wilden hem spreken, en hij kwam, na enig aandringen, altijd opdraven. En hij gaf zijn antwoorden in welke taal dan ook. Zuchtend, dat wel. Maar hij had voor de pers altijd een verhaal. En wanneer een van zijn ploeggenoten een keer niet wilde, kwam hij voor de microfoon. Na de dramatisch verloren WK-finale van 2010 redde Wesley mij weer eens. Aanvankelijk.

Een groep Engelse verslaggevers hijgde naar nóg een mening van een verslagen Oranjespeler en daar, diep in de avond, kwam Wesley Sneijder aansjokken. 'Nog eentje, Wes, die gasten wachten al zo lang.' Hij ging braaf staan. Maar de eerste vraag van een Britse journalist beviel *mij* niet. Het was niet eens een vraag. 'Wat speelden jullie slecht en hard!' Voordat Wesley zijn antwoord kon formuleren, barstte ik uit elkaar. 'Jullie elftal mag al blij zijn als het een keer lukt de bal over de middenlijn naar een medespeler te spelen... Hoe durf je!' En daarna werd ik grof... Wesley keek me vermoeid aan en grijnsde. 'Je hebt mij altijd geleerd zo correct mogelijk antwoord te geven,' zei hij, en beende de nacht in. Terwijl ik mijn gevecht met de Engelsen uitvocht, draaide hij zich nog een keer naar mij om. 'Ook in Ondiep opgegroeid?'

Sinterklaas Van Praag

De dag na het puntertje van Patrick Kluivert liep ik aan de hand van mijn vader door de mensenmassa naar het Museumplein. Jeffrey aan zijn andere hand.

Tien was ik, bijna elf. Ajax had de avond ervoor in Wenen de Champions League gewonnen, door AC Milan met 1-0 te verslaan. In mijn Ajax-pakkie was ik aanwezig bij de huldiging. Ik weet nu nog, wanneer ik erlangs rijd of loop, waar we stonden op dat plein: links achteraan, beetje weg van de drukte. Ik was natuurlijk nogal klein, dus mijn vader moest me optillen, anders zag ik niks. Maar ik hoorde wel alles. En ik droomde. Welk jongetje droomt nou niet van een grote loopbaan als voetbalprof? Ik dus ook. En ik zat al bij Ajax. Ik dacht ook dat iedereen dat kon zien. *Kijk, daar heb je die Wesley van Ajax.* Jeffrey moet dezelfde gedachten hebben gehad, hij speelde twee elftallen hoger bij Ajax.

Het was zwaar in de jeugd bij Ajax. Ik kwam uit een veilige omgeving bij DOS, onder de vleugels van Bas Mulder. Hij was mijn eerste begeleider, wat hij zelf nog steeds trots vertelt. Bij Ajax had ik een doel. Ik was bloedserieus en vond het heerlijk om naar Amsterdam gebracht te worden. Met steun van school, in het bijzonder van juffrouw Lodder, Bianca Lodder, van De Boemerang. Zij hielp me op school. Het bijzondere is dat ik nu, via mijn stichting, haar dochter ondersteun. Een talentvolle worstelaar.

Ik leefde destijds van training naar training. Stoer was het. Het nadeel was alleen dat je na een seizoen vaak weer je vriendjes kwijtraakte en nieuwe vriendschappen moest opbouwen. Er werd doorlopend geselecteerd. Mag je door of moet je weg? Maar uiteindelijk stap je daar overheen, want het enige dat telt is dat jijzelf wel door mag. Dat egoïsme sluipt er dan in. Lullig, zei je dan tegen je vriendje of vriendjes, en dat meende je ook wel, maar je was vooral door het dolle dat jij weer een jaar verder mocht.

Robert Stuut was een van mijn eerste maatjes. Rechtsback. Een kuitenbijtertje. En hij komt uit een echte Ajax-familie. Zijn vader Wim was elftalleider en zijn broer Mark speelde ook bij Ajax, in een elftal met Brutil Hosé en Andy van der Meijde. Ik bleef weleens slapen bij 'Robertje' in Holendrecht. Voetbalden we na de training op de Toekomst verder op het pleintje bij hen voor de deur, tot het donker werd. Robert redde het niet bij Ajax, zoals ik er in die jaren wel tweehonderd tot driehonderd heb zien afvallen. Altijd weer die spanning rondom die meetmomenten, alsof je wachtte op je schoolrapport, met die klotezenuwen in je buik.

Boy Waterman was in de E'tjes een van de keepers. Hij was niet automatisch de eerste keeper. We hadden ook nog Dennis van der Kraan, een jongen uit Zeist. Hij was in het begin gelijkwaardig, maar later stak Boy erbovenuit. Ons gezin had goed contact met de familie van Boy, met zijn Surinaamse vader en Nederlandse moeder. Dan gingen de Sneijdertjes en de Watermannetjes samen in één auto naar toernooien. Boy ben ik in mijn carrière vaak tegengekomen. Bij AZ, als ik tegen hem speelde. En later in Turkije, toen hij bij Karabükspor zat. En dan hadden we nog Johnny natuurlijk, uit Alphen aan den Rijn. John Heitinga. Die stond er altijd en overal. In alle elftallen.

Nando Rafael was er ook, in mijn eerste jaren. Nando was een vluchteling uit Angola, die als jongetje op een dag zijn vader en moeder vermoord aantrof in huis. Een verschrikkelijk verhaal. Met zijn oom en tante vluchtte hij naar Europa, via Italië naar een Nederlands opvangcentrum. Vanuit daar werd Ajax getipt dat Nando heel goed kon voetballen en toen haalden ze hem naar Amsterdam. Later is hij in Lelystad gaan wonen. Hij was lief, zacht en een goede spits. Ik weet nog dat hij niet mee mocht toen wij een toernooi in Italië gingen spelen. Iets met een paspoort en verblijfsvergunning. Dat vonden wij verschrikkelijk, Nando had alles voor het voetbal over. Wij hebben in Italië onze centjes bij elkaar gelegd en een mooie trui voor hem gekocht.

Hij werd goed, Nando, en doorliep alle selecties, maar eenmaal bij het eerste kreeg hij geen werkvergunning, vanwege die verblijfsvergunning die er nooit kwam. Mocht-ie verdomme niet blijven. Hij is naar Duitsland gegaan, met hulp van Ajax. Naar onder andere Hertha BSC en Borussia Mönchengladbach. Hij speelde ook nog in Denemarken. Mooie loopbaan, kutjeugd.

Jan Olde Riekerink loopt als een rode draad door mijn voetballeven. Bij Ajax was hij mijn trainer in de D'tjes en de C'tjes. Later werkte hij bij Galatasaray als jeugdtrainer en is hij op mijn voorspraak hoofdtrainer geworden. Hij was een top-jeugdtrainer, die altijd met mij wedijverde op de training. Dan ging hij mij voordoen hoe je een lange bal moest geven. 'Let op mijn traptechniek,' zei hij dan. 'Ik kan een streep geven.' Alsof ik dat niet kon...

Uit Jans jeugdelftallen bij Ajax herinner ik me Dyron Daal. Een buitenspeler, lang, snel. Aan het begin van het seizoen was zijn pech dat hij een blindedarmontsteking opliep en er lang uit lag. Hij was uiteindelijk niet top, in de Ajax-jeugd, maar heeft wel een heel leven betaald voetbal gespeeld. In Schotland, België, China; bij een leger aan clubs.

Uit de elftallen van Olde Riekerink herinner ik me ook Mathijs Visser, een ras-Amsterdammer, die nog bij DWS, Blauw Wit en JOS heeft gespeeld. En je had Magid Jansen, mooie jongen, ging naar Telstar. Rocky Schulz, uit Purmerend. Ik trok hele dagen met die gasten op. Daniël de Ridder was daar ook bij, die speelde in onze jongensjaren meer rechtshalf. Pas later werd hij buitenspeler. Goeie speler, heeft het ook gehaald. Maar hij vond voetbal niet het allerbelangrijkste.

Uit die tijd herinner ik me een aantal jeugdtoernooien en buitenlandse trips. Naar Frankrijk, met Patrick Ladru als trainer. Die was naast zijn werk bij Ajax ook gevangenbewaarder. Dan deden we een spel in het bos, in het donker, en kwam hij achter een boom vandaan, sprong hij boven op ons. Ik schrok me te pletter.

We speelden een jeugdzaaltoernooi in Duitsland. Drie à vier uur rijden met de bus. We zouden in gastgezinnen worden ondergebracht, met zijn tweetjes. In villa's van rijke mensen. Wij fantaseerden erop los. Dat wij, Robert Stuut en ik, de grootste villa zouden krijgen. En we werden ook bij een enorm huis afgezet, met een dikke BMW voor de deur. Yes! Binnen was het ook mooi, maar na de kennismaking werden we naar de garage gebracht, waar onze matrassen lagen. En we kregen natte broodjes te vreten, met daarop van die vieze Duitse kaas. In die garage was het 's nachts erg donker en erg eng. We hebben snel gevraagd of we naar een ander huis mochten...

In Rieti, in de buurt van Rome, waren we ook geen helden. Dat was onze eerste vliegreis, ik was 11. We sliepen in een heus hotel, met z'n tweeën op een kamer. Poepchic – dachten we. Maar we deden geen oog dicht. Het hotel stond in een soort getto. De hele dag lawaai buiten en politiesirenes, en op het veld werden we ook al overlopen. Door fysiek veel sterkere gasten van Juventus en AC Milan.

In de C'tjes gingen we naar een toernooi in Bierbeek, Vlaanderen. Met de bus. Vertrek vanaf Amsterdam en eerst richting Rotterdam om de spelers van Feyenoord op te halen. Samen in een bus naar België, een feest was het! Eenmaal daar werd ons team doorlopend uitgescholden, door Belgische hooligans, met 'keiharde' leuzen, zoals *Ajax, da's een wasproduct*.

Het jaarlijkse hoogtepunt in de jeugd bij Ajax was het Sinterklaasfeest. Dan joelden we wanneer het licht uitging en een film van Jackie Chan werd vertoond. Dan deden we zelf ook een worstel- en karatetoernooi. In afwachting van Sinterklaas en Zwarte Piet. Piet bleek Floor Tholen, de stadionspeaker, te zijn. En we hoorden pas na een paar jaar dat Sinterklaas ook een echte Ajacied was: Michael van Praag.

In juni 2002 werd ik het Ajax Talent van het Jaar – tijdens de jaarlijkse Vanendag, de dag waarop jeugdspelers hoorden of ze mochten blijven of niet. Op die dag werden de kampioenschappen gevierd en de prijzen uitgedeeld. Nando werd topscorer. Iedereen kreeg een Ajax-vaantje, maar dat boeide me niet. Ik wilde een prijs. Ik vond het zo'n eer om tot de beste van je leeftijdscategorie te worden uitgeroepen. Van der Vaart en Steven Pienaar waren ook genomineerd. Ik won, en wist toen zeker dat ik het zou gaan maken. De moeder van Nigel de Jong zette mij en al die anderen daarna weer razendsnel met onze voetjes op aarde. Die hield, totaal onverwachts, een speech waarbij ze zich richtte tot de jongens die het niet hadden gered, heel indrukwekkend. Ze zei dat ze de vreugde zag bij zoveel gastjes, maar dat ze ook het verdriet bij anderen zag. Bijzonder, dat ik juist die woorden nu weer helemaal terughoor.

Heini Otto maakte ook altijd indruk. Wereldgozer, heerlijke man, recht voor zijn raap. Een lieverd, die niet hard kon zijn. Hij bracht ons wel meer professionaliteit bij. Als je niet goed in de wedstrijd zat, moest je zuinig spelen. Balbezit, korte passes, keihard werken voor de ploeg en dus niet enkel voor Wesley. 'Je mag nooit door de ondergrens zakken,' zei hij dan. Open staan, ik herinner me die kreet nog, dan draai je makkelijker weg. Ik hoorde het iedere training. 'Jij Sneijdertje, hebt zo'n voordeel door die tweebenigheid.' En ik moest tactisch denken. Wie staat waar op het veld en waarom kies je een bepaalde voortzetting, waarom kies je met je pass voor een bepaalde speler of opening.

Na Heini Otto kreeg ik Co Jager als trainer, eindelijk eens iemand die kleiner was dan ik! Hij heeft heel veel individueel met me gewerkt, de focus op omschakeling naar balverlies verscherpt. Dat soort aspecten kwamen langzaam aan meer aan de orde tot we bij Danny Blind voor het grote werk kwamen.

Ik speelde in de A2, werd langzaam steeds sterker en mocht met de A1 meedoen. Kees Zwamborn, hoofd Opleidingen, zei na de wedstrijd bij Ajax TV: 'Ja, die Van der Vaart was goed, maar die kleine, van de A2, Sneijder, maakte ook indruk.'

Uit die tijd herinner ik me nog dat Sergio Hellings en Gijs Luirink centraal in de verdediging stonden. Sergio, groot, donker en sterk. Gijs, een echte nummer 4, heel erg serieus. Uit Abcoude. Speelde voor onder meer Volendam, Groningen, AZ en Sparta. Hij heeft het via een omweg gehaald. Dat getuigt van karakter. Een echte prof, die nu trainer is in Alkmaar.

Die jeugd bij Ajax heeft mij zoveel gebracht. Heeft óns zoveel gebracht. Jeffrey, Rodney en mij. Negen seizoenen Ajax-jeugd heb ik uiteindelijk doorlopen. Jaren later zat ik tijdens Barcelona-Inter, toen ik geblesseerd was, negentig minuten naast Johan Cruijff. Die zei: 'Als je die keiharde leerschool doorloopt... er zijn er maar weinig die dat lukt.' Een compliment van Cruijff, en die was niet zo van de complimenten.

Ik heb Cruijff meer gezien dan gesproken. We genoten altijd thuis van zijn oude beelden. Dat doelpunt bij ADO Den Haag. Lange bal van achteruit, zijn aanname, met dat verbandje in zijn hand en dan die lob! Hij combineerde snelheid, techniek en precisie. Ik heb altijd gezegd dat Johan Cruijff absolute voetbalcultuur is. Zeker voor mijn generatie. Ik hoorde van zijn overlijden toen we in trainingskamp met Oranje zaten. Het was echt een shock. Ik heb overigens wel de luxe gekend een keer met Cruijff te mogen spelen. Dat was bij een wedstrijdje voor de verjaardag van Sjaak Swart. Ik weet niet wie er meer aanwijzingen gaf tijdens dat potje, Cruijff of Sjaak.

Natuurlijk blijft die Ajax-periode mij altijd bij.

Eerder dit jaar, kort nadat FC Utrecht Ajax in de beker had verslagen, verscheen op YouTube een klotefilmpje waarin ik roep dat Ajax eraan gaat tegen FC Utrecht. Maar dat was een oud filmpje, een balorig filmpje. Ik heb niets met mensen die voor de ene club zijn en de andere club haten. Ik heb zoveel aan Ajax te danken, dat vergeet ik heus niet, maar ik leef en woon nu in Utrecht. En ik heb goed contact met 'Ome Frans' van Seumeren, een geweldige baas. Dat mag toch? FC Utrecht vraagt mij ook weleens of ik binnen de club iets wil betekenen. Dat heeft Ajax mij nog nooit gevraagd. Maar daarmee spoel ik al die jaren bij Ajax niet door de plee.

In 2003/2004 werd ik uitgeroepen tot het Talent van de Eredivisie. Voor mij een belangrijke prijs, die voelde als de definitieve afsluiting van mijn jeugd. Een geweldige jury, met voetbaliconen als Cruijff, Van Basten, Hiddink, Neeskens, Koeman, Gullit, Wim Jansen, Wim Jonk en Willy Dullens. Johan Cruijff zou de naar hem vernoemde prijs uitreiken, maar hij kwam niet, hij was ziek. Cruijff heeft me in die tijd weleens aangesproken. Hij vond mij wel een aardige speler, geloof ik. Van Basten was toen net bondscoach. Op het podium zei ik tegen hem dat ik het jammer vond dat Cruijff er niet was, waarop Van Basten, ad rem als hij is, zei dat hij me niet voor Oranje zou oproepen. 'Maar ik wilde er net aan toevoegen dat jij de best mogelijke vervanger bent!' Lachen was dat.

****

Met Wesley door zijn plakboek, dat is mijn bedoeling. Maar hij heeft geen plakboek. Hij heeft alleen zijn geheugen, enkele herinneringen. Zijn hoofd is vooral druk met het hier en nu. Zijn herinneringen zijn vervaagd en wat ervan over is acht hij eigenlijk waardeloos, zegt-ie – voordat we samen het internet afstruinen, op zoek naar zijn Ajax-verleden. Namen van toen, vrienden van toen. En dan komt alles beetje bij beetje terug. Van Robertje Stuut, via Nando Rafael tot Sinterklaas Van Praag.

Ajax, in lijstjes

In vijf seizoenen bij Ajax 1 werd ik eenmaal landskampioen en won ik tweemaal de KNVB-beker. Weinig, eigenlijk. PSV werd in die tijd driemaal op rij kampioen van Nederland. Maar ik scoorde wel veel en vaak voor Ajax 1. Vooral met afstandsschoten, met mijn rechter- en linkervoet. Als jongetje oefende ik heel veel met links. Een bal aan het elastiek en trappen maar, urenlang, met mijn verkeerde been. Ik was geen losbol. Ik trainde fanatiek, zeker op mijn zwakke linker. Totdat ik niet meer nadacht en zelf mijn linker- en rechterbeen als gelijkwaardig beschouwde.

De spannendste ontknoping

Eind april 2007, de laatste speeldag van het seizoen. Wij konden kampioen worden, net als AZ en PSV. Met nog één wedstrijd te gaan hadden we evenveel punten. PSV had het slechtste doelsaldo, maar speelde wel thuis, tegen Vitesse. AZ, met Van Gaal, moest naar Excelsior en wij reisden af naar Willem II. De KNVB had drie kampioensschalen laten fabriceren, die naar Eindhoven, Rotterdam en Tilburg werden gebracht.

De verwachting was dat het om doelsaldo dreigde te gaan, maar AZ verloor op Woudestein van Excelsior en gaf het kampioenschap zomaar weg. Wat een drama, dat wij in Tilburg best goed meekregen. Wij moesten winnen en flink scoren, maar het werd nog erger dan een drama, het werd een catastrofe. PSV won met 5-1 van Vitesse, dat in de rust vaste keeper Piet Velthuizen wisselde.

Tot op de dag van vandaag vraag ik me af wat daar gebeurd is. Vitesse was een gedegen middenmoter met een evenwichtig doelsaldo en verloor niet zo vaak met dergelijke cijfers. Ik spreek uit wat ik destijds uitsprak: is er onder tafel geschoven? Valt nooit te bewijzen, natuurlijk.

Over ons als Ajax-spelers werd in de dagen vlak voor die laatste speelronde ook gezegd dat wij spelers van Excelsior een extra premie zouden hebben toegezegd als ze wonnen van AZ. Dat kan zo zijn geweest, maar ik wist nergens van. Een speler van Excelsior, Robert Braber, gaf later toe dat hij het bij wijze van grap tegen een lokale verslaggever had gezegd. Ajax betaalt aanmoedigingspremies, schijnt nog te mogen ook, dat is legaal. Een club motiveren om te winnen, is iets anders dan een club motiveren om kalm aan te doen. Er hingen die dagen tal van geruchten in de lucht, iedereen twijfelde aan iedereen.

Ajax heeft na dat weekeinde nog een intern onderzoek laten verrichten. Een serieus onderzoek, waar niks uit kwam. Dat vond ik logisch, maar in Alkmaar dachten en denken ze daar vast anders over. Zoals ik dacht en denk over die 5-1 in Eindhoven, met dat laatste doelpunt van Phillip Cocu.

Tijdens onze eigen wedstrijd in Tilburg twijfelde ik alleen maar aan de verstandelijke vermogens van Roger, onze Spaanse middenvelder. En aan de verstandelijke vermogens van Kenneth Pérez en van mij. We stonden 2-0 voor – goals Emanuelson en Huntelaar – en hoorden van de standen en uitslagen in Rotterdam en Eindhoven. We hadden verdomme nog maar één doelpunt nodig.

Pal voor tijd kregen we een vrije trap op een paar meter van het doel van Willem II, na een verkeerde terugspeelbal. Pérez, die twintig minuten eerder was ingevallen, en ikzelf stonden klaar om hem te nemen. Konden we alle twee goed. Maar Roger was heel zeker: 'Laat mij hem maar nemen, ik schiet hem erin.' Hij stond nog niet eens twee minuten in het veld. En wij lieten ons afbluffen. Die Kargbo van Willem II wierp zich in de baan van het schot en het was over. Natuurlijk had Kenneth of ik die vrije trap moeten nemen.

Zo werd PSV voor de derde keer op rij landskampioen.

Ik kan het nog steeds niet bevatten dat we op deze manier een hoofdprijs hebben verloren. Daarom begreep ik de misère van AZ ook heel goed. De titel verliezen bij Excelsior, dat hakt erin, voor eeuwig.

Zoveel prijzen heb ik dus niet met Ajax binnengehaald. Veel te weinig, ja. Dat realiseer ik me ook wel.

Maar niemand zal ontkennen dat uit die periode grote voetballers zijn voortgekomen. De pers zei destijds dat een middenveld met Nigel de Jong, Rafael van der Vaart en Wesley Sneijder niet kon. Ach, we zijn toch aardig ver gekomen. Hoewel de Champions League-wedstrijd in december 2003 uit tegen Club Brugge daar niet op wees...

We dachten een jong, maar aardig elftal te hebben. Met Zlatan in de spits. Nigel, Rafael en ik op het middenveld. Het was ijskoud, het veld was hard. We verloren 'maar' met 2-1 van die Belgen, maar ze hadden ons compleet weggespeeld, dat zeiden we terug in de bus ook tegen elkaar. Geen balans, heet dat dan.

Later, toen ik basisspeler was, zei Zlatan tegen me: 'Ik ben de beste, maar jij bent ook goed. Dus pak je rol.' Hij pakte me aan, hij pakte me beet, hij was met me bezig. Hij corrigeerde me. We oefenden ook, na de trainingen van Koeman, op vrije trappen. En had ik een keer geen zin om extra te oefenen, schold Zlatan me verrot. 'Slappeling!' zei hij dan.

Op mijn beurt kon ik knap vervelend zijn. Ruud Krol was kort de baas in het seizoen 2004/2005. Na Koeman en voor Blind. Bij Groningen-Ajax liet Krol me buiten de basis. Daar kon ik absoluut niet tegen. Ik was vervelend in de kleedkamer en een stoorzender op de bank. Kinderachtig? Ja, een echte voetballer. Mij passeer je niet. In dat jaar zat ik met enige regelmaat op de bank. Boukhari speelde op mijn stekkie. Ik speelde nog wel een treurige Ajax-PSV, die eindigde in 0-4. Drie goals van Van Bommel, mijn directe tegenstander. Het zegt genoeg dat Ryan Babel en Rafael dat jaar de topscorers waren, met ieder zeven goals. Ik maakte er zes.

In 2005/2006 werden we vierde en wonnen we de beker, door met 2-1 te winnen van PSV. Boukhari was erg goed in die wedstrijd. In de competitie hadden we twee keer verloren van Feyenoord en zij gaven direct een speciale dvd uit, van drieënhalf uur, *2x winst op Ajax*. Maar in de beker sloegen we een beetje terug en pakten we nog een troostprijs...

Ja, ik kon weerbarstig zijn. Voor een Europese uitwedstrijd in dat seizoen tegen Brøndby, in Kopenhagen, stond ik niet in de basis. Op de dag van de wedstrijd zaten we in de lobby van het hotel, met uitzicht op een nachtclub. 'Een ding staat vast,' zei ik, 'ik sta daar vanavond op het podium en wel in de *basis*.' Ik kon de concentratie van ploeggenoten knap verstoren. Kinderachtig? Zeker. Maar ik ben geen uitzondering. Topsporters accepteren een nederlaag nooit.

Mijn 5 topgoals

18 maart 2007, PSV-Ajax 1-5

Ik nam een corner vanaf rechts, PSV werkte de bal weg. Ik kreeg de bal alsnog, na een foutje van Jason Čulina, een meter of vijf buiten het strafschopgebied. Met links schoot ik in de verre hoek, boven Gomes; de 0-2.

8 februari 2004, Ajax-PSV 2-1

Jan Vennegoor of Hesselink kopte kort voor rust de 0-1 binnen. In de tweede helft raakte Vennegoor de paal en was het bijna 0-2. Daarna kwamen wij. Maxwell combineerde met Victor Sikora en tikte de bal in mijn loop. Ik nam hem aan met de rechtervoet, op twintig meter van Ronald Waterreus, en schoot hem hoog in de voor mij rechter bovenhoek: 1-1. We wonnen met 2-1 door een goal van Nicolae Mitea, na een fout van Waterreus.

21 januari 2007, Ajax-Utrecht 2-0
Ik zette een korte combinatie op met Ryan Babel, net buiten het strafschopgebied van FC Utrecht. Ryan tikte goed door. Ik kreeg de bal binnen de zestienmeter, koos voor mijn rechterbeen en schoot hem in de rechter bovenhoek. Echt een keihard schot.

12 augustus 2003, Grazer AK-Ajax 1-1
Derde voorronde Champions League. We speelden hartstikke slecht. Tomas Galasek en Jari Litmanen waren geblesseerd, dat scheelde nogal. We kwamen 1-0 achter, het zag er erg dreigend uit. Na rust kregen we een vrije trap en ik zei tegen mezelf: *Wes, deze moet erin, deze gaat erin...* Dat gebeurde ook. Vanaf links, buiten het strafgebied. De commentator sprak van zeldzame kwaliteit. Het gebeurde vaker, dat ik tegen mezelf zei dat ik ging scoren en dat het vervolgens ook lukte. En heel vaak scoorde ik van buiten het strafschopgebied.

21 maart 2004 Ajax-Vitesse 5-0
Ook eentje van buiten het strafschopgebied. Met links. Ik kreeg de bal van Tomas Galasek. Ik verwerkte het passje met rechts en na een korte draai schoot ik met links. Jim van Fessem dook mooi, maar de bal verdween stijf in de kruising. Een schoonheid...

En ik heb nog een zesde. Een aparte. Tegen ADO, op 21 september 2005, uitslag 2-2. Een omhaal van net buiten het strafschopgebied. Ik voeg deze toch aan dit lijstje toe, vooral vanwege het commentaar van David Endt, gouwe gozer. 'Sneijdertje, Sneijdertje wat kan jij voetballen.'

Mijn 5 beste ploeggenoten

Zlatan Ibrahimovic
Wat een beest, toen al. Zo zelfverzekerd, zo arrogant en zo goed. Grote bek, klein hartje. Soms. Wij klikten wel. Als hij kritiek kreeg, blonk hij in de eerstvolgende wedstrijd weer uit. Hij kon goed ruziemaken. Vraag het Rafael. Die kreeg tijdens Zweden-Nederland een doodschop van Zlatan, echt waar. Zijn clubgenoot, nota bene. En dat bleef Rafael hem kwalijk nemen. Zlatan bood wel zijn excuses aan, maar het kwam nooit meer goed tussen die twee. Daar lag Zlatan dan weer niet wakker van. En dan die goal tegen NAC, die slalom, met dat grote lijf, langs vijf man en de keeper. Ik hoor Frank Snoeks nog zeggen: 'Maradona, Zidane, Romario, die kunnen het... Maar Zlatan kan het ook... Ballet, kunst.'

Rafael van der Vaart
Mijn maatje. Een rasvoetballer. Elegante speelstijl. Alles op techniek. Sommigen zeiden dat wij niet samen konden spelen. Wat een gelul. Net als ik scoorde hij veel van afstand.

Kenneth Pérez
Verrassend? Omdat hij mijn type niet is? Hij was bovenal een winnaar, en dat staat me altijd aan. We hebben niet zo vaak samengespeeld, maar zijn voetbalintelligentie bewonder ik enorm. Een serieuze galbak, erg zeker van zichzelf, maar een begenadigd voetballer, met links en rechts. Scoorde vaak.

Klaas-Jan Huntelaar
Die maakte in zijn eerste jaar bij Ajax meteen meer dan dertig doelpunten. Ik ken geen betere afmaker. Ik speelde graag met hem, vanwege die garantie voor doelpunten. Ik kon de bal ook lekker aan hem kwijt.

Hatem Trabelsi
Een fenomeen binnen het team. Wat een rechtsback. Alleen Maicon was vergelijkbaar.

En dan noem ik graag nog Maxwell en Nigel de Jong. Maxwell, sierlijk en avontuurlijk. Nigel, de spil van het elftal, altijd bezig met resultaat. En hij kon ook erg goed voetballen. Klasse, eenvoud.

Mijn 3 beste trainers

Ronald Koeman

Hij liet mij debuteren. Altijd duidelijk, met mooi cynisme. Ik heb hem één keer uitgescholden (*fuck you*), toen ik als invaller scoorde in de wedstrijd om de Johan Cruijff Schaal tegen FC Utrecht. Maar Koeman droeg me dat incident nooit na, hij was blijkbaar niet rancuneus.

Henk ten Cate

Wereldgozer. Liet mij altijd in mijn waarde en stopte heel veel tijd in me. Hij koos voor wat ik wél kon en had het nooit over wat ik niet kon. Als ik niet meeverdedigde en anderen daarover klaagden, zei Ten Cate altijd: 'Schiet jij ze er dan in, als ik Wesley vervang?'

Danny Blind

Correcte man. Geliefd bij de spelers. Tactisch sterk. Tikkie onderschat, vind ik.

Dick, Willem en Marco

Hampden Park, november 2003. De eerste play-off-wedstrijd tegen Schotland, over vier dagen de return in de ArenA. De winnaar mocht naar het Europees kampioenschap in Portugal.

Paul Bosvelt en ik moesten naar de tribune. Geen basisplaats, geen plaats op de reservebank. We zaten in de kou tussen 52.000 Schotten. Ik had de hele tijd kippenvel. Vanaf de eerste tonen van het Schotse volkslied, *'Flower of Scotland'*, was ik betoverd. Zo moet de sfeer in een stadion zijn.

Wij hadden een mooi team staan. Van der Sar, Ooijer, Stam, Frank de Boer, Giovanni van Bronckhorst; Van der Meijde, Cocu, Davids; Overmars, Kluivert, Van Nistelrooij. En Seedorf, Makaay en Rafael vielen in. Maar we werden van de mat geveegd en het werd 1-0 door McFadden, van Everton destijds.

Gek dat ik me nog zoveel van die avond weet te herinneren. Moet door dat onvergetelijke Hampden Park komen.

Die 1-0 bood nog volop kansen voor de return, zou je zeggen. Maar de pers was meedogenloos. Oranje speelt alleen nog paniekvoetbal, zo werd er geschreven. Heel Nederland was in paniek. We dreigden het eindtoernooi mis te lopen. Wéér een eindtoernooi, na het gemiste WK 2002. Ik weet nog dat ik tegen Van der Sar zei dat hij er maar voor moest zorgen dat ik in de ArenA zou spelen. Of misschien heb ik dat wel tegen iedereen gezegd, ook tegen jou. Brutaal, ja. Maar ik rekende verder nergens op. Je wordt niet zomaar van tribuneklant opeens basisspeler.

In de dagen tussen die wedstrijden gingen de media steeds heftiger tekeer. Op de ochtend van de wedstrijd besloten Seedorf, Davids, Cocu en Frank de Boer dat de spelers hoe dan ook de pers zouden boycotten na de wedstrijd. Op hetzelfde moment deelde Dick Advocaat mij mee, zonder veel poespas, dat ik in de basis zou beginnen. Ik moest meer creativiteit aan het elftal toevoegen. Advocaat was niet een bondscoach van veel woorden. Veel contact hadden we niet. Hij gaf me de kans en de opdracht. Een andere wereld binnen een paar dagen.

Ik maakte de 1-0.

En gaf vier assists.

Het werd 6-0. Ik zie nog hoe Edgar Davids na afloop op me af kwam hollen. 'Niet met de pers praten, straks! Niet doen!' Ik wilde dolgraag, maar durfde niet eens meer... We hebben het die nacht wel met z'n allen gevierd. In de Supper Club, aan de Singel. Ik heb het als in een roes beleefd.

Natuurlijk rekende ik op een eerlijke kans tijdens het eindtoernooi in Portugal, met in onze poule Duitsland, Tsjechië en Letland. Voor mijn gevoel heb ik die kans nooit gekregen. Terwijl ik die zeker na de eerste wedstrijd dacht te hebben verdiend. We stonden tegen die Duitsers bij rust met 1-0 achter. Doelpunt van Frings. In de rust stuurde Advocaat mij het veld op, samen met Marc Overmars. In de plaats van Edgar Davids en Boudewijn Zenden. En we zetten het recht: Ruud van Nistelrooij maakte tien minuten voor tijd de gelijkmaker. Daarom leek het mij dat ik een goede kans maakte op een basisplek in de wedstrijd tegen Tsjechië. Maar dat was niet zo. Ik weet niet waarom. Ik kan me geen uitleg voor de geest halen.

Ik zei al dat Dick niet een man van veel woorden was. En Willem van Hanegem ook niet. Ik heb nooit aan Van Hanegem gevoeld dat hij het in mij zag zitten. Er was geen klik. Hij had het een keer over me, na een training, tegen Frank de Boer. Ik hoorde hem mijn naam noemen en vroeg waarover het ging, maar ik kreeg geen antwoord. Was ik te dominant voor Willem? Toen toch niet? Ik was jong en had niet zo'n grote bek. Je zou zeggen dat Van Hanegem een voetballer zoals ik zou waarderen, maar daar heb ik niks van gemerkt. Natuurlijk vormden Seedorf, Davids en Cocu een aardig middenveld; maar liep dat tegen Duitsland? Precies.

Ik viel tegen Tsjechië niet eens in. Van der Vaart, Reiziger en Bosvelt wel. Bosvelt als eerste, voor Robben. Die veelbesproken wissel. Advocaat wilde rust brengen in ons spel, nadat we via Bouma en Van Nistelrooij 2-0 voor stonden, maar die Tsjechen kwamen snel terug, via Jan Koller, en na rust werden we overlopen. Daarom zocht Dick rust binnen het team. Maar het werd 2-3... Mijn hemel, wat een chaos in de pers, wat een paniek in Nederland. Woeste supporters bij onze training. Van Hanegem deed nog een keer een persconferentie, in plaats van Dick. Daar werd het niet rustiger op. Willem werd gevraagd wat hij zou doen als Advocaat nog een keer zo zou wisselen. 'Dan sla ik zijn kop er af,' zei Willem. Iedereen lachen in de zaal, maar de sfeer werd er niet beter op. Jan Mulder schreef een column in *de Volkskrant*: dat ze Advocaat moesten stenigen. Ja, vriend, ik begrijp dat hij dat niet letterlijk meende, maar dergelijke uitspraken achtervolgden Dick wel, en dus ons ook.

We hadden nog een kleine kans na die nederlaag. Tsjechië moest zijn plicht doen tegen Duitsland en wij moesten van Letland winnen, in dat mooie stadion van Braga, tussen de Portugese rotsen. Wij wonnen met 3-0, twee keer Van Nistelrooij en een doelpunt van invaller Roy Makaay. Ik viel ook in, een minuut of tien voor tijd. Ik was knap gefrustreerd en weet nog dat ik de bal een keer super geïrriteerd tegen zo'n rots aan knalde. Kut-toernooi.

We haalden het toch, want Tsjechië B klopte Duitsland.

Wij moesten in de volgende ronde, de kwartfinale, tegen Zweden. Een zenuwslopende pot in de Algarve. Zweden met Zlatan, Fredrik Ljungberg en Henke Larsson. Nederland zonder Sneijder... Haha. Het bleef 0-0. We wonnen na strafschoppen en gingen naar de halve finale. Maar als je niet speelt, ben je anders blij. Nauwelijks blij. Niet blij.

Van die halve finale herinner ik me alleen dat we kansloos waren tegen Portugal. We verloren met 2-1, maar uit mijn hoofd zou ik die uitslag niet eens weten. Het voelde als een eerloze uitschakeling. En mijn toernooi was het niet. Dat van Dick ook niet. Die ochtend na de wedstrijd verscheen hij niet aan het ontbijt. *Waar is Dick?* Hij was al vertrokken...

Met Marco had ik wel een klik. Met Marco hadden we allemaal een klik. Met Johnny van 't Schip en Robbie Witschge ook. We noemden ze 'trainer' of bij hun voornaam. Dat heeft niks met een gebrek aan respect te maken. Ik had juist heel veel respect voor ze. Maar we noemden ze zo omdat ze één waren met ons. Zelf wilden ze eigenlijk nog het liefst voetballer zijn en bij elke spelvorm deelden ze zichzelf ook in.

Marco hield de grote lijn in de gaten, Schip en Witschge kwamen met de tactische aanvullingen. En Marco kwam natuurlijk met debutanten, elke wedstrijd weer, lachen was dat. Van Dave van den Bergh, Collins John en Andwelé Slory tot Romano Denneboom, Uğur Yıldırım, en Orlando Engelaar. Orlando was een goeie trouwens. En spelers als Danny Koevermans, Demy de Zeeuw, Ibi Afellay Martijn

Meerdink, Klaas-Jan...We keken elke keer weer reikhalzend uit naar zijn volgende selectie.

Van Basten en zijn vriendjes ademden voetbal. Het ging altijd om het spel. Ook wanneer het spel slecht was, hadden we na afloop van wedstrijden gesprekken over voetbal. Ik holde altijd naar het trainingskamp. Het leek wel vroeger, voetballen op het pleintje. En de trainers gooiden de bal tussen de partijen... Johnny en Robbie waren er voor de humor. Het kan zijn dat ik daardoor een klik had met die gasten, maar ik denk dat vooral het spel het bindmiddel was. Met als hoogtepunt het EK 2008.

Van het WK in Duitsland in 2006 weet ik niet veel meer. Die nederlaag tegen Portugal, weer Portugal, heeft alle andere herinneringen weggevaagd.

Daarvoor, in de poule, hadden we gewonnen van Servië en Ivoorkust, zodat we na twee wedstrijden al geplaatst waren voor de volgende ronde. Ik speelde in een meer defensieve rol, als controleur voor de verdediging. We hadden de klus in de poule dus geklaard voor de derde wedstrijd tegen Argentinië. Ik speelde toen tegen Messi. Een erg jonge Messi. Goed, maar nog niet groots. Ik ben die eerste drie wedstrijden in mijn hoofd verder kwijtgeraakt, door die 25ste juni in Neurenberg.

Die wedstrijd heb ik lang met me meegedragen. Die hebben *we* lang met ons meegedragen. Altijd weer dat Portugal. Dat goeie, vieze Portugal. Met die ophitsende Scolari, hun bondscoach. Die wist vanaf de zijlijn wat provoceren was. Ik weet wel dat Portugal de eerste rode kaart kreeg, maar wij voelden dat Scolari scheidsrechter Ivanov haast dwong om alles recht te zetten. Die trok twintig kaarten, vier daarvan rood. Maniche, mijn tegenspeler, scoorde. Van Bommel had Cristiano Ronaldo vroeg in de wedstrijd te pakken genomen. Iedereen pakte iedereen. En wij lieten ons gek maken, van ons spel was niets meer over. Ik zie Van Basten nog staan in de rust. 'Bouhla, je hebt al geel, kun je het aan na rust? Hou je je in? We hebben een man meer, dat voordeel moeten we vasthouden.'

'Ja trainer, komt goed.'

Maar 'De Kannibaal' schopte Ronaldo na een paar minuten in de tweede helft voor zijn kloten en kreeg zijn tweede gele.

Het was geen voetbalwedstrijd meer. Een gênante vertoning, maar het viel niet meer te stoppen. En zij hadden ook goede spelers, vergeet dat niet. Figo, Deco, Maniche, Pauleta, Simão. Het treurige was dat wij voetballend gelijkwaardig waren aan Portugal, maar door ook te schoppen en schoffelen de minderen werden.

God, wat een sfeer na afloop in de kleedkamer. Alles weg. Ook de goodwill die Marco had gekweekt. We hoorden dat er ruim elf miljoen mensen in Nederland hadden gekeken. Iedereen was doodziek van die wedstrijd. *The Battle of Nuremberg*, de veldslag van Neurenberg, de schande van Nürnberg. Het hele WK was voorbij en veel ben ik voorgoed vergeten.

Aan Van Basten kleeft dat hij met Oranje geen succes heeft gehad. Althans, voor de buitenwacht. Voor mij ligt dat anders. Ik heb eindtoernooien gespeeld in 2004, 2006, 2008, 2010, 2012 en 2014. Ik heb zilver en brons op het WK gewonnen en ik heb soms ook gefaald. Ik was wisselspeler, spelbepaler en doelpuntenmaker, maar het meeste plezier als voetballer beleefde ik aan het EK van 2008. Hoe dramatisch dat ook afliep.

Ik denk dan aan mijn hotelkamer in Bern. Vanaf mijn bed kon ik naar de Oranje-mars kijken. Dat zal me altijd bij blijven. Die duizenden, tienduizenden mensen, op weg naar het stadion. Zo enthousiast. Vaak zaten wij in een hotel of trainingskamp buiten de stad, in eenzaamheid. Nu verbleven we in het centrum en kon ik van die meute genieten. En zij van ons.

Voor mij is Van Basten verbonden aan dat toernooi. We speelden puur voetbal. *Frivool*, zoals Marco steeds zei. 'Ik wil frivool voetbal zien.' Daar maakten wij onderling ook wel grappen over. 'Was het wel frivool genoeg?'

Natuurlijk waren we fortuinlijk tegen Italië en Frankrijk, we maakten wel zeven goals in die twee wedstrijden, met maar één tegendoelpunt, omdat Van der Sar zo goed was. Oók goed was. Wie was er níét goed? Vooraf waren we nog wat onzeker. Weer een poule des doods, weer toptegenstanders. Ditmaal zou het te veel voor ons zijn. Maar Marco en Johnny waren weer die pupillentrainers. We hoeven er maar eentje meer te maken dan zij, hielden ze ons voor.

Eerlijk gezegd, ook ik was nerveus voor die eerste wedstrijd, tegen Italië. De spanning vooraf was ongekend. In de spelerstunnel zei ik tegen Materazzi dat ik hem gek zou gaan spelen. Dat zei ik in het Nederlands. Geen idee waarom. Waarschijnlijk om mijn eigen spanning te breken. En ik hoor nog Marco's laatste woorden voordat we die catacomben uit liepen: 'Durf te voetballen.' En we voetbalden. Als een hecht team. Een erg hecht team. Dat zou ons later nog opbreken.

Ik scoorde tegen Italië, uit een unieke aanval, een razendsnelle counter na een afgeslagen Italiaanse corner. Het was mijn 24ste verjaardag. Van Nistelrooij scoorde, Van Bronckhorst scoorde: 3-0. We vierden het letterlijk met z'n allen. Spelers, wisselspelers, vrouwen en kinderen. Die verbleven in een hotel vlak bij ons. Wij zaten in het fantastische Beau Rivage in Lausanne en deden alles samen. Vandaar die vreugdedans met onze gezinnen. Tegen Frankrijk precies hetzelfde, 4-1. Droomvoetbal. Kuyt scoorde. Van Persie kwam erin en scoorde, Robben viel in en scoorde. En ik scoorde. Ook Frankrijk speelde goed. Het was een meeslepend avontuur, ik kan daar nog lyrisch van worden.

In aanloop naar de derde poulewedstrijd tegen Roemenië ontstond een publieke discussie. Moest de bondscoach wisselen of niet? We waren immers al geplaatst. Hij wisselde. En weer wonnen we. Via Huntelaar en Van Persie. Wie zou ons stoppen? Rusland toch zeker niet?

Wel, dus.

Guus Hiddink kreeg de credits. Ouwe, slimme Guus. Het zal wel. Ik denk nog steeds dat we verloren omdat bij ons opeens de focus weg was, die roes. Pal voor die wedstrijd tegen de Russen gebeurde dat. Khalid Boulahrouz werd van de training weggeroepen. Zijn vrouw, Sabia, moest bevallen, in een lokaal ziekenhuis, drie maanden te vroeg. Ik zei al dat we als groep heel hecht waren, dus we leefden enorm mee. Toen we 's avonds naar Zweden-Rusland keken, kregen we te horen dat hun dochtertje Anissa was geboren. En kort daarna hoorden we dat ze was overleden. De jongens die erg close waren met Boulah, wilden naar het ziekenhuis: Nigel, Robin, Ruud, Sar, Ibi... Van Basten ging ook nog. De anderen bleven in Beau Rivage achter. Bewust. Ik ook. Hun naasten moesten erbij zijn. Maar logisch toch dat niemand meer keek naar die wedstrijd en dat iedereen dacht: hoe nu verder?

Hoe kon Van Basten het goed doen? Hard zijn en de groep, op een enkeling na, in het hotel houden? Of gehoor geven aan het groepsgevoel, dat ons veel had gebracht? Hij moet enorm getwijfeld hebben. Hij wist dat het toernooi hoe dan ook zou doorgaan; hij had voor de zakelijke aanpak kunnen kiezen. Maar hij koos uiteindelijk voor Boulah en zijn vrouw en het team.

Achteraf, heel erg achteraf, denk ik dat hij bovenal bondscoach had moeten blijven. Er had een strakkere regie moeten zijn. De emoties overheersten, niemand van ons had zoiets eerder meegemaakt, maar in het besef dat het toernooi doorging hadden we, had hij, moeten proberen de focus sneller terug te krijgen. Dat is geen verwijt, dat is een constatering. Boulah sprak de groep daags voor de wedstrijd toe: hij kon spelen. Hij kreeg ook zijn plaats. Dat wilde werkelijk iedereen.

Maar het leukste elftal van dat toernooi werd niet beloond. Dat hechte team kon het niet meer opbrengen. Op de dag van de wedstrijd haakte Robben ook nog eens geblesseerd af.

Struikelend haalden we met 1-1 de verlenging, maar we waren op en leeg. En Arsjavin was geweldig, Hiddink was goed.

Maar normaal gesproken waren wij veel beter.

De herinnering is onze prijs. En dat is ook wat waard.

Ik zie Marco niet vaak meer. Maar als we elkaar zien, is er nog steeds de klik van 2008.

* * *

Later, veel later, zegt Marco van Basten dat hij zichzelf als coach niet, of nooit, goed genoeg vond. 'Wat heb ik nou te melden aan die spelers?' vroeg hij zich doorlopend af. Als topspeler was Van Basten zelf heel kritisch op zijn coaches; als coach was hij juist daarom heel kritisch op zichzelf. Hij stopte als coach, terwijl hij nog jaren had kunnen doorgaan.

‘Ik voeg niets toe,’ aldus Van Basten. Ik heb hem zien wikken, wegen en worstelen met spelers en teams. Zien vechten met Van Nistelrooij, zien knokken met Kuyt, zien strijden met de onzekerheid die hij als voetballer nooit had. Ik heb ook gezien hoe zij hem koesterden: Van Persie, Van der Vaart, Robben en Sneijder.

Real Madrid

Na vijf jaar was ik wel klaar bij Ajax, klaar met de Eredivisie. In mijn vijfde seizoen scoorde ik zelfs achttien keer, als middenvelder. Ik was toe aan een buitenlands avontuur en Søren Lerby, mijn zaakwaarnemer, kwam met Valencia. Een mooie club, zeker weten, maar niet de absolute top. Niet mijn top.

Als er geen andere club zou komen, speelde ik liever nog een seizoen bij Ajax. Dat voelde Søren, en dat voelde Jeroen Slop, Ajax' financiële man. 'Ga dan via Valencia naar Real Madrid,' zei Søren nog. 'Volgend seizoen dan maar in Bernabéu.' Maar ik wilde absoluut niet naar Valencia. En zo waren we uitgepraat. Daarom gaven Ajax en ik een persconferentie, tijdens ons trainingskamp in De Lutte, om te vertellen dat Ajax en ik bij elkaar zouden blijven en er een mooi seizoen van gingen gaan maken.

Dat nieuws stond groot in de kranten natuurlijk. En prompt meldde Real Madrid zich. Die wilde Ajax 24 miljoen betalen, Ajax wilde 30 miljoen. Een gigantisch bedrag destijds. Ajax hield zijn poot stijf. Real ook. En ik bleef ontgoocheld achter. Daar ging mijn droomclub. Natuurlijk had ik zwaar de kolere in. Ik ben de strijd aangegaan en besloot de Super Cup-wedstrijd Ajax-PSV niet te spelen.

Ik had mijn hele jeugd bij Ajax achter de rug, en had daarna jarenlang voor Ajax in de Eredivisie gespeeld. De club had mij veel gegeven, maar ik had de club ook veel gegeven. Ik moest dat gedoe tussen Ajax en Real Madrid een zetje geven. Ik was 23 jaar en hier lag een enorme kans.

En toen meldde Predrag Mijatović zich op Schiphol. De voetbaldirecteur van Real, de gezant van voorzitter Calderon. Søren en ik naar het vliegveld. 'Ik maak het eerst met jou rond, daarna met Ajax,' zei hij. En uit zijn binnenzak haalde hij een velletje tevoorschijn. Ik zie hem nog dat gebaar maken. Hij vouwde het open en ik zag het meteen: 3 miljoen netto per seizoen. Contract voor vijf seizoenen.

Bij Ajax kreeg ik 1 miljoen. Bruto.

'Ik onderhandel niet,' zei Mijatović. '*Take it or leave it.*'

'*We take it*,' zeiden Søren en ik tegelijkertijd. En daarna kwamen Ajax en Real Madrid er alsnog uit, het transferbedrag werd 27 miljoen euro.

Afscheid nemen van Ajax en van Nederland was niet makkelijk. Ik bleek er echt moeite mee te hebben. Ajax was toch mijn cluppie, Utrecht mijn stad. Dat was mijn leven, mijn alles, tot die tijd. Ik wilde avontuur, maar ondanks die hele grote bek van mij was ik toch nerveus. Angstig. Je kunt vanuit Madrid niet zomaar dagelijks naar Amsterdam vliegen, *effe* op en neer. En je familie kan niet steeds naar Madrid komen.

We gingen er met zijn drietjes naartoe, mijn eerste vrouw en Jessey. Er was geen weg meer terug en ik scheet bagger. Ik zag ook op tegen de taal en de cultuurverschillen. Maar Real deed alles voor me. Eerst werden we ondergebracht in het vaste hotel van de club. Fantastisch. Daarna kregen we een eigen huis in de wijk La Moraleja, het *Beverly Hills* van Madrid. De club wilde dat we ons zo snel mogelijk thuis voelden. Ik moest het vertrouwde gevoel van Amsterdam en Utrecht ook in Madrid zien te krijgen. Dat lukte niet meteen. Ook niet bij de club zelf.

Binnen de spelersgroep waren voorstanders van mijn komst, maar er was ook één heel belangrijke speler tégen mijn komst: Guti. Hij zag in mij een directe concurrent. Overal waar ik was, in de eerste weken bij de club, was hij ook. Maar hij negeerde me volledig. Hij zei niks tegen me, wilde niks van me weten. Wanneer ik tegen hem sprak, of probeerde te spreken, keek hij me niet aan, of hij draaide zijn hoofd weg. Dat had niets met de taal te maken, al ben ik wel na een uurtje al gestopt met Spaanse les. 'Mevrouw,' zei ik tegen de lerares, 'Ik kan nu van één tot tien tellen en ik weet hoe ik in het winkelcentrum kom, maar ik moet de voetbaltaal leren.' Voor Guti maakte het niet uit, hij wilde me toch niet begrijpen en ik bleef me ongemakkelijk voelen. Later is het tussen ons helemaal goed gekomen, toen ik eenmaal geaccepteerd werd.

Mijn competitiedebuut was op 25 augustus 2007, de opening van het seizoen. In Bernabéu, meteen tegen Atlético Madrid.

Voor de wedstrijd zat ik op de rand van de jacuzzi om mijn benen in het warme water te laten hangen. Een gewoonte van me, lekker ontspannend. Ineens stapte Raúl op me af. De grote Raúl, de aanvoerder. Levende legende. 'Niet doen, Sneijder,' zei hij. 'Daar word je loom en sloom van, je moet eruit!' Ik heb er toch nog vijf minuten in gezeten en we wonnen met 2-1. Ik scoorde de beslissende goal, wat fortuinlijk, kort voor tijd. Ik zie nu meteen weer die feestende, witte muur aan fans voor me. Zo ontroerend, man. Ik werd verkozen tot *Man van de Wedstrijd.* Duizenden mensen die voor mij op de banken klommen, die zo waanzinnig blij waren met de winst van hun club. Dat immense stadion. Zo groot, maar zo intiem.

De tweede wedstrijd, uit tegen Villarreal (0-5), scoorden Raúl, Guti en Van Nistelrooij elk één keer en ik twee keer. Weer was ik *Man van de Wedstrijd.* Vooraf in de kleedkamer was Raúl weer naar me toe gekomen, hoofdschuddend. 'Haal die benen nou uit dat warme bad!' Ik deed alsof ik de aanvoerder snel volgde... Voor de derde wedstrijd, in Bernabéu tegen Almería, ging ik mijn benen weer, een beetje stiekem wel dit keer, in dat bad laten bengelen. En ik hoorde ze praten, van afstand. *Sneijder dit, Sneijder dat.* Prompt kwam Raúl weer aanlopen. Ik zei dat ik direct uit dat water zou stappen. Keek-ie me grijnzend aan: 'Ik heb toch liever dat jij lekker blijft zitten.'

En ook tegen Almería scoorde ik.

Wat een selectie hadden we dat seizoen. Met Van Nistelrooij, Ramos, Raúl, Cannavaro, Diarra, Pepe, Casillas, Robinho. Drenthe was er ook, en Robben kwam. Onze trainer was de Duitser Bernd Schuster, een topper. Ook en vooral omdat hij het helemaal in mij zag zitten, haha. Hij maakte van het team een sterke eenheid. Van al die ego's en sterren. In de Champions League ging het niet goed, maar de competitie verliep vlekkeloos.

We gingen minimaal één keer per maand met de hele groep – op eentje na – op stap. Naar de Buddha Bar, die niet meer bestaat. Hapje eten, drankje doen. Alleen Raúl, onze aanvoerder, ging nooit mee. Die was zo serieus. Hij zei altijd dat hij meer voor de sport moest doen en laten dan wij. Daarom bleef hij thuis. Prima, iedereen had respect voor die man. Eeuwig petje af.

Ik merkte alleen niet dat ik me zelf heel erg overgaf aan het Madrileense nachtleven. Ik was jong, genoot van het succes en de aandacht. Daar moet het fout zijn gegaan – later. Geen drugs, maar wel drank en rock-'n-roll. Daar raakte ik aan gewend, als een van de sterren van de Koninklijke. Je wordt aanbeden als Real-speler. Alles wat je uitvreet wordt met de mantel der liefde bedekt. Ook als ik lam over straat rolde en duizenden euro's uitgaf, of rondjes gaf aan de hele zaak. Ik kan niet zeggen dat ik voldoende weerstand bood.

Ik liet me ook fêteren, er was altijd wel een medespeler in de buurt, meestal Guti.

In mijn eerste jaar bij Real Madrid werden we fluitend kampioen, ver voor het einde van de competitie. De nacht van het kampioenschap vergeet ik nooit meer, die meute op Plaza de Cibeles, Real's plein. En alles kon... We rolden om vier uur 's nachts de Buddha Bar binnen en weer vloeide de champagne rijkelijk. Om half tien 's ochtends wankelde ik naar buiten, naar mijn auto, en liep tegen een politieagent op. 'Gedronken?' vroeg hij streng. Dat viel niet te ontkennen. Hij zette een zwaailicht op zijn auto, zei 'Volg me' en begeleidde me naar huis.

Het ritueel in Spanje is dat de kampioen door de volgende tegenstander met een erehaag wordt ontvangen. En de eerstvolgende tegenstander was Barcelona, bij ons in Bernabéu. Daar ging het de hele week over in de pers. *Ze doen het niet*, werd er geroepen, maar de spelers van Barcelona stonden er wel. Van Henry, Touré, Márquez en Xavi tot Edmilson, Puyol en Messi. De vernedering werd nog groter, want we wonnen met 4-1. Op een gegeven moment hakten Guti en ik de bal drie keer achter elkaar naar elkaar toe. We konden niet meer stuk, niets kon meer stuk.

Behalve mijn huwelijk... Ik had het grote leven ontdekt. En het boterde al een hele tijd niet meer. Uit elkaar gegroeid, heet dat dan. De scheiding is financieel snel geregeld. En goed, vind ik. Korte pijn. Ik bleef alleen achter en zag die kleine, Jessey, veel minder. Klote. En ik kan slecht alleen zijn. Waarom zou je trouwens alleen zijn als je genoeg vrienden hebt om vrije tijd mee door te brengen? Ik had alleen niet in de gaten dat de fles wodka mijn grootste vriend werd. Ik werd er wel op gewezen, onder anderen door Robben en Van Nistelrooij.

Die hamerden op discipline. Dat ik het zo niet lang zou volhouden. Ik speelde best goed, maar ze zeiden dat ik nog beter kon. Fysiek merkte ik het geloof ik niet eens. Ik ben een ijzersterk mannetje, he? Ik stond de volgende morgen gewoon weer goed op. Tja, zo ben ik.

Mijn tweede jaar bij Real Madrid verliep dramatisch. Ik speelde nog wel veel, maar minder goed en scherp, minder geconcentreerd. Mijn houding was Real Madrid-onwaardig. Ik loog mezelf voor dat het goed ging en hield me staande door mijn voetbalintelligentie. Fysiek zakte ik weg. Ik liep minder, verbloemde veel met mijn techniek en mijn traptechniek. Ik dacht ook dat niemand het door had.

We kregen na Schuster – die in december 2008 werd ontslagen – eerst Juande Ramos en daarna Manuel Pellegrini als trainer. Pellegrini geloofde in mij, maar ik moest mezelf nog uit het moeras trekken. De sfeer was ook anders, dat tweede jaar. We waren bovendien met te veel Nederlanders. Drenthe, Robben, Van der Vaart, Van Nistelrooij, Huntelaar en ik. Nederlands werd de voertaal in de kleedkamer.

Royston Drenthe was een geval apart, maar hij deed het best goed, als linksback. Schuster zei zelfs dat hij er beter op stond dan Marcelo. 'Kan wel zijn,' zei Royston, 'maar ik wil linksbuiten.' Ruud van Nistelrooij, die op verzoek van Royston als tolk bij dat gesprek zat, probeerde hem nog af te remmen. Maar dat lukte niet.

In dat tweede seizoen raakten we ver achterop bij Barcelona. We verloren de laatste vijf competitiewedstrijden en gingen thuis tegen Barcelona zelfs met 2-6 onderuit. Er moest wat gebeuren bij Real.

Ondertussen had ik mezelf juist een beetje opgericht. In de bladen stond dat ik iets zou hebben met een Belgische tennisspeelster, maar ik wist van niks. Op een ochtend zat ik in het koffiebarretje tegenover mijn huis en opeens stormde de boulevardpers binnen. 'Waar is ze?' Ik wist bij God niet waar ze het over hadden, over wie ze het hadden. Tegen fotograaf Leo Vogelzang zei ik alleen dat ik Yolanthe Cabau erg leuk vond, maar zij was al bezet. Leo vertelde dat dat niet meer het geval was, ze woonde alleen nog een paar weken met haar ex in hetzelfde huis.

'Heb jij niet haar nummer voor me?' vroeg ik.

'Geef ik niet,' zei hij.

'Als het ooit wat wordt tussen ons, krijg jij wat exclusieve foto's.'

Zo is dat gegaan. En ik heb haar gebeld. Vertelde haar gewoon dat ze mij erg leuk leek. Ze was net uit een relatie. Ze wilde tot rust komen. Volgens mij was het een vrij nietszeggend gesprek. Ik probeerde haar nieuwsgierig naar mij te maken. Aanvankelijk reageerde ze niet overdreven enthousiast, maar uiteindelijk belden we twee uur per dag met elkaar en die gesprekken sleepten mij erdoorheen.

Yolanthe woonde bij mij in Madrid toen de club van me af wilde, aan het begin van mijn derde seizoen. We hadden al een heerlijke, onstuimige periode achter de rug. Eigenlijk zaten we er middenin... ja, niet zo ongeduldig jij, daar kom ik nog op terug... De nieuwe voorzitter, Perez, had nieuwe spelers nodig en speelde de Hollandse enclave uit elkaar. Maar ik wilde niet. Ik was nog niet klaar bij Real, vond ik. Ik wilde ook graag revanche op mezelf en die vijf jaar volmaken. Het resultaat: de club treiterde mij en ik treiterde de club. Ik was arrogant. Ik trainde verre van optimaal. Ik zei lullige dingen in de krant. En de club pakte me terug. Hoe? Huntelaar, Van der Vaart, Drenthe, Robben en ik moesten apart trainen. 'Niet mijn beslissing,' zei Pellegrini tegen me.

We trainden op een veld naast het hoofdtrainingsveld, onder begeleiding van de keeperstrainer. Hij gaf de bal vanaf de achterlijn voor en die moesten wij vanaf de zestienmeter op doel schieten. Robben als eerste, Huntelaar daarna en ik als derde. Ik ving de bal in mijn handen en schoot hem heel hoog en ver weg. 'Sneijder! Ga jij maar naar binnen!' Niet lang daarna moest ik me melden op kantoor, in Bernabéu. Daar zat acht man op me te wachten, waaronder juristen en fiscalisten. Ik was alleen. Valdano, de beroemde Argentijn, de technisch directeur, zei dat het beter voor me was dat ik weg zou gaan. Inter Milan wilde mij wel. Ze hebben een uur op me ingepraat. 'Zijn jullie uitgepraat?' vroeg ik toen. 'Dank jullie wel.' Ik ben opgestaan en vertrokken. Søren kwam razendsnel naar Madrid en zei dat ik gewoon moest gaan trainen.

Op het hoofdveld trainde de A-selectie, wij rommelden maar wat aan op het bijveld. Op een dag keken we na onze 'training' vanachter de glazen wand in de gym naar de A-selectie. Daar raakte iemand geblesseerd tijdens een grote partij. De assistent werd op ons afgestuurd: of een van ons snel kon invallen. Dat weigerden wij natuurlijk, we waren immers verbannen.

Een paar dagen later lag ik met Yolanthe in de tuin te zonnen. Søren was er ook. Valdano belde. 'Waar ben je?'

'Thuis, ik ben toch vrij.'

'Nee,' zei Valdano. 'We hebben afspraken met jullie. Robben is net weg, nu ben jij aan de beurt.'

Ik ben rustig gaan douchen en meldde me twee uur later bij de club, die zeer serieus was, zo aan het begin van de laatste week van de transferperiode. Inter moest en zou doorgaan. José Mourinho belde me ook. 'Jij bent mijn man, Wes. We maken samen de club groot, kom naar Milaan.' Thuis, in de tuin, legde ik de keuze aan Yo voor. 'Zeg jij het maar.'

'Ga maar,' zei ze. 'Mijn gevoel zegt dat het beter is.'

En ik ging. We gingen.

Twee dagen later vlogen we naar Milaan. Zo snel ging het. Ik had er dubbele gevoelens over. Nieuwsgierig naar het nieuwe avontuur, droevig en ontevreden over hoe het bij Real Madrid was afgelopen. En de Champions League-finale van dit jaar zou ook nog eens in Bernabéu worden gespeeld, verdomme.

Ik was daar niet geslaagd. Ik had wel een fantastische tijd meegemaakt, maar ook een donkere periode gekend. Als ik serieus had geleefd, zou ik in het rijtje van grote Real-spelers terecht zijn gekomen.

Máár, ik was wel op de weg terug.

En Yolanthe zei, toen we over Bernabéu vlogen: 'Volgend jaar speel jij hier die Champions League-finale!'

In Milaan ging het razendsnel. Mourinho vertelde me meteen dat ik zaterdag zou spelen. In San Siro, de derby bij AC Milan. 'Ik gooi je er gewoon in.'

* * *

Wie was als jongetje niet gek van Real Madrid? De Koninklijke verloor nooit, Bernabéu puilde altijd uit en de bekers verdrongen elkaar in de vitrines. Ik spaarde plaatjes van grootheden als Alfredo di Stefano en Ferenç Puskas. En ik deed de dribbelpasjes van Francisco ('Paco') Gento na. De zwart-witfoto's prijkten aan de muur. Waaronder een grote foto van Eintracht Frankfurt - Real Madrid (3-7!), de Europa Cup 1-finale van 1960 in Glasgow, met 127.000 toeschouwers.

Mijn vader nam mij twee jaar later mee naar weer een Europese finale, in het Olympisch Stadion in Amsterdam. Benfica - Real Madrid. Ik huilde omdat Eusebio, Torres en Coluna met 5-3 wonnen, maar ik juichte toch omdat Puskas zo trefzeker was.

Real was Koninklijk en dus onaantastbaar. Zelfs bij een nederlaag. Ik had nooit kunnen bevroeden dat er zoveel Nederlanders in het hagelwit van Madrid zouden spelen. Als jongetje droomde ik mezelf in Bernabéu, maar die dromen waren bedrog. Wesley uit Ondiep droomde er ook van. Zijn dromen kwamen uit.

Inter

Het was groots, mijn eerste derby met Inter in San Siro. Ik voelde me zo goed, met al die winnaars om me heen. En dat na dat klotevertrek bij Real. We wonnen 'bij' AC Milan met 0-4. Ik liet van veertig meter afstand nog een volley los, als die erin was gegaan... Gattuso schoffelde me in die wedstrijd onderuit en kreeg rood. Ik beleefde die wedstrijd als in een roes.

Hoe die derby echt leefde en voelde, voor de fan, ontdekte ik een paar dagen later. Yolanthe en ik brachten met de taxi een vriendin naar Linate, de luchthaven. We kwamen vast te zitten in een file, terwijl we ook nog een andere afspraak hadden. Die vriendin zei dat wij maar moesten uitstappen om een taxi terug te nemen.

En zo stonden we even later langs de kant van de weg. Ik op de stoep, Yolanthe half op straat, zoekend naar een nieuwe taxi. Dat lukte, er stopte een taxi, Yo gebaarde naar mij, ik kwam er snel aan en de chauffeur draaide zijn raampje open om te vragen waar wij heen wilden. Aan zijn binnenspiegel hing een AC Milan-vlaggetje. Hij keek me aan en begon verschrikkelijk te schreeuwen, te schelden. Ik sprak nog geen Italiaans, maar dat hoorde ik wél. Hij spuugde van haat. Ik schold terug, in het Spaans, over zijn vader en zijn moeder... En zo ging het over en weer, totdat hij wegscheurde. Maar even later hoorden we weer dat geschreeuw en stierde hij onze kant op, ging met me op de vuist! Mijn kickboks-trainingen bij Real kwamen me nu goed van pas en ik sloeg terug. Hij trok op een gegeven moment zelfs een mes, maar droop uiteindelijk toch af. Yolanthe had hem ook nog een schop gegeven met haar puntlaarzen.

Dat gebeurde allemaal midden op de weg, met veel toeschouwers, sommige mensen waren ook uitgestapt. Ik zat in een slechte film en zag de krantenkoppen al voor me. Mensen filmden ons misschien wel. Ik heb zelf meteen de club ingeseind, voordat ze het uit de media zouden vernemen. 'Dat is het effect van die 0-4,' zeiden ze bij Inter.

Het onvoorstelbare is dat ik de man jaren later weer tegenkwam. Ik stak de straat over, hij zat in zijn taxi. We keken elkaar recht in de ogen. Maar er gebeurde niets.

Het werd een topseizoen. We woonden eerst in hotel Principe di Savoia, pal achter de Duomo di Milano, tegen een drukke winkelstraat aan. Ik was compleet in evenwicht en kon wekelijks presteren, omdat alles goed zat. En wanneer je privé goed in je vel zit, komt de rest vanzelf, is mijn overtuiging. Want ik kan voetballen, ik kan met medespelers en trainers omgaan en ik leer een vreemde taal snel. En ja, ik verdiende goed, maar ik genoot overal vooral van omdat ik privé sterk in mijn schoenen stond. Ik was volmaakt gelukkig.

De spelersgroep was bovendien uniek. Een vriendenteam. Niet alleen omdat we wonnen, we waren echt vrienden. En er gebeurde allemaal idiote dingen. Het eerste waar ik dan aan denk is het verhaal van Marko Arnautović, die was overgekomen van FC Twente. Een talentvolle jongen, maar hij speelde weinig. Op een dag liet de grote Samuel Eto'o, die auto's spaarde, een grote truck met auto's naar Milaan brengen. Dat vond Arnautović prachtig. 'Ik ga vanavond eten in de stad, mag ik die Bentley van je mee?' Dat vond Eto'o goed, dus Arnautović in die Bentley naar dat restaurant. Voor de deur stond een man en Arnautović gaf de sleutels van die auto af. Maar na het diner was die man weg, en de Bentley ook. Bleek hij de sleutels niet voor de *valet parking*, maar aan een passant te hebben gegeven!

Ons team werd gedurende het seizoen steeds hechter. Soms zaten we de avond voor een wedstrijd samen op één kamer – Stankovic, Materazzi, Chivu en ik – en dan zeiden we tegen elkaar: *hoe kan dit, met dit team?* Dat kwam ook door de trainer, die ons kort en fel liet trainen. Hij eiste discipline, maar liet ook veel los. Bewust.

Bij een van onze eerste uitwedstrijden stapte ik als een van de laatsten in het vliegtuig. Voorin zag ik een paar bestuurs- en stafleden zitten, zoals ik dat gewend was bij andere clubs. Alleen Mourinho zag ik niet voorin. Hem ontdekte ik op een van de achterste rijen, grijnzend tussen de spelers. En ook al was hij de trainer, in zijn aanwezigheid voelde iedereen zich vrij.

Vrij waren we ook in onze kledingkeuze rondom de wedstrijden. We hadden een kledingsponsor voor onze kostuums, maar van Mourinho hoefden we die niet aan te trekken. 'Jullie zijn voetballers, geen modepoppen.' Hij zei altijd dat het om drie dingen gaat: goed trainen, scherp spelen en plezier maken. En daarom liepen we gewoon in ons trainingspak of in vrijetijdskleding. De een in blauw met witte polo, de ander in wit met blauwe polo, we deden maar wat... En niemand van de club durfde Mourinho daarop aan te spreken.

Mourinho maakte zijn eigen wetten. Wij vonden dat prachtig. Dat overdreven gedrag in het voetbal, Mourinho pakte ons zo in. 'Jullie krijgen wat meer vrijheden dan je gewoon bent, ik krijg er een beter team voor terug.' Dat was zijn gedachte. Tijdens wedstrijden eiste hij alles van je, verder gaf hij spelers behoorlijk wat ruimte. Wijntje, sigaretje...ik weet zeker dat hij wist dat wij wel eens zondigde. Hij hield ons niet non-stop in de gaten, hij gaf ons quasi-vrijheid.

Hij werd ook al tijdens het seizoen door alle Inter-fans aanbeden. En hij pakte ons als spelers helemaal in. Een echte gentleman is het, die de namen kende van onze vrouwen en kinderen. Hij beschermde ons, maar liet zich niet piepelen. Ook niet door Mario Balotelli. Piepjong en stronteigenwijs. Wel een erg aardige gozer. En ambitieus. Maar Mourinho maakte lang niet altijd gebruik van hem. Op een avond voor een wedstrijd zaten we weer met een paar man op een kamer toen Mario binnenstapte. 'Ik ga weg uit het trainingskamp,' zei hij. Het was tegen half elf. 'De trainer neemt me niet serieus. Ik speel veel te weinig.'

Wij zeiden niks. Alleen Chivu zei nog 'Fijne avond', want die wist dat Balotelli alleen maar aandacht wilde en hoopte dat wij hem half smekend zouden tegenhouden. Maar dat deden we niet en even later hoorde ik met deuren slaan. Bleek hij echt weg te gaan. Toen ben ik erachteraan gelopen, naar buiten. Helemaal tot het bewakingshuisje voor ons trainingscomplex, achter de slagboom. Daar zat hij, samen met de portier. De muren hingen vol met foto's van de successen van Inter. 'Besef wat je nu doet, Mario,' zei ik, wijzend naar die foto's. 'Dit gooi je allemaal weg. Je kunt de club niet zomaar verlaten.' Maar hij ging toch. Mino Raiola, zijn zaakwaarnemer, kwam even later aanrijden en weg was-ie.

Mourinho zei tegen ons dat Mario pas weer welkom was als hij het elftal én hemzelf zijn excuses had aangeboden. Uiteindelijk deed Mario dat, maar alleen aan het elftal. 'Loop jij eens mee, jongen,' zei Mourinho. Even later bracht hij Balotelli met een arm over diens schouders geslagen naar het trainingsveld. 'Aan de slag, gasten!'

Maar hij was nog niet klaar met Balotelli, dat bleek wel tijdens de Champions League-finale. Mourinho liet hem 45 minuten warmlopen en Materazzi 5 minuten. En hij liet Materazzi invallen, Balotelli niet.

Mourinho kent zijn eigen wetten.

Ik heb hem ook weleens na een wedstrijd de mand met kleding door de kleedkamer zien schoppen. Fiorentina uit, 2-1 verloren. 'Dat jullie jezelf in de maling nemen oké, maar mij? Nooit!'

Hij deed van die onvoorspelbare dingen. Zoals die keer dat Maicon een heel domme rode kaart had opgelopen. Toen twee dagen later bekend werd dat hij twee wedstrijden schorsing kreeg, riep Mourinho hem bij de training naar voren. 'Dom, jongen,' zei hij. 'Weet je wat, ga lekker tien dagen naar je familie in Brazilië en kom lekker fris terug.'

Dat overkwam mij ook een keer. Ik was een paar dagen alleen in Milaan en dat kwam ter sprake toen ik even onder vier ogen met hem praatte. Het was een dinsdag. Hij zei dat ik razendsnel naar mijn meisje in Amsterdam moest gaan. 'En vrijdag weer terug.'

'Maar we spelen toch zaterdag?' zei ik.

'Precies,' zei Mourinho. 'En dan zorg jij dat je goed speelt!'

Wat een geweldige manager.

Mourinho en ik waren één.

Hij zag het ook als je de avond voor een training te diep in het glaasje had gekeken. Dan liep-ie langs en kreeg je een harde tik op je wang. 'Twee rondjes lopen, dan naar huis en morgen superfit aan de slag!' kreeg je dan mee.

Typerend voor Mourinho waren ook zijn besprekingen, de avond voor de wedstrijd. Die waren kort, ongeveer tien minuten. Daarna kregen we allemaal een cd'tje met beelden van onze persoonlijke tegenstander. Hij had het verder weinig over onszelf. 'Jullie kunnen voetballen, maar let even op wat de tegenstander doet en kan.' En dan gaf hij aan hoe we tactisch op die tegenstander moesten reageren. Hij gebruikte Marco Materazzi veel als doorgeefluik. Die speelde weinig, maar was toch het gezicht van de ploeg. Daar sprak hij apart mee en in de groep sprak hij vaak hém aan. Materazzi werd verantwoordelijk gemaakt en muitte niet.

Eén keer, bij hoge uitzondering, hield hij een bespreking van veertig minuten. Voor de halve finale van de Champions League tegen Barcelona. We waren zwaar onder de indruk van die ploeg. We hadden in de kwartfinale wel thuis (2-1) en uit (0-1) gewonnen van Chelsea, maar Barcelona? Dat leek te veel gevraagd.

Mourinho voelde dat. Aan het begin van zijn bespreking zaten we allemaal nog wat onderuitgezakt. Maar hij pakte flink uit, met beelden, met analyses, met stemkracht. Het ging alleen maar over de zwakke punten van Barcelona, de kwetsbaarheid bij omschakeling, dat soort zaken. Zijn verhaal draaide feitelijk om ons zelfvertrouwen. En wij gingen steeds meer rechtop zitten. Op de kamers zeiden we tegen elkaar dat we gingen winnen. In de wedstrijd kwamen we nog wel met 0-1 achter, maar we wonnen met 3-1, door doelpunten van Maicon, Milito en mij.

De return was een drama. We kwamen er niet aan te pas en ik keek om de paar minuten naar die grote klok in Camp Nou. De tijd ging maar niet voorbij. En bij ons kreeg Thiago Motta twee keer geel, binnen een halfuur. Die tweede gele kaart werd hem aangenaaid door Busquets, die, zogenaamd krimpend van de pijn, vanuit zijn ooghoeken toekeek hoe Motta eruit werd gestuurd. Ik heb 66 minuten heen en weer gelopen, tussendoor loerend naar de klok. Toen kon ik niet meer en kwam Muntari voor mij het veld in. Ik ging naar de kleedkamer en ben daar op het toilet gaan zitten, zo nerveus was ik. In de 84ste minuut werd het 1-0, door Piqué. Ik wachtte trillend tot de materiaalmannen en later de spelers zouden binnenkomen. Juichend, natuurlijk. Dat gebeurde niet. Ik hoorde gejuich van de tribunes en vloekende Inter-mensen die de kleedkamer binnenkwamen. Maar die goal van Barcelona, in blessuretijd, werd afgekeurd vanwege hands en zo bleef het toch maar 1-0!

Het eerste dat Mourinho zei was dat we favoriet waren voor de finale.

We moesten alleen eerst nog kampioen worden en de beker winnen.

Onze grootste rivaal in zowel de Serie A als de Coppa Italia was AS Roma. Binnen een paar dagen speelden we twee keer in Rome, op 2 en 5 mei. Eerst tegen Lazio in de competitie, daarna de bekerfinale tegen AS Roma. Lazio kon niks meer winnen en wilde vooral niet dat AS Roma wel een prijs zou pakken. Daarom wisten we dat we die competitiewedstrijd zouden winnen. We kregen ook enorm veel kansen, maar de bal wilde er maar niet in. Niet ver voor tijd lukte het wél en het hele stadion gilde 'O, no! Wat erg!' Heel cynisch natuurlijk, want de Lazio-fans waren dolblij. Een paar dagen later klopten we AS ook in Stadio Olimpico in de finale van de Coppa.

Na de bekerfinale speelden we uit tegen Sienna. Dat kleine stadion zat vol met Inter-fans. Verder was het een wedstrijd zoals tegen Lazio, die bal wilde er weer niet in. Achterin konden we gelukkig altijd rekenen op gasten als Zanetti, Lucio en Samuel. En Milito prikte er dan altijd wel eentje in – wat ook gebeurde. Het kampioenschap was voor ons!

Mijn maatje Cristian Chivu en ik hebben dat samen heel emotioneel gevierd. Cris was in januari bij Chievo zwaar geblesseerd geraakt aan zijn hoofd. Hij botste tegen Pellissier op. Vreselijke tijd voor hem. Die titel verzachtte de pijn.

En daarna wonnen we de Champions League. Door met 2-0 te winnen van Bayern München, van Louis van Gaal.

Nog in Bernabéu ook, een jaar later.

Mourinho bleef meteen achter in Madrid.

* * *

Met twee van Wesley's vrienden kijken we jaren later naar de samenvattingen van de halve finale en de finale van de Champions League, aan het einde van seizoen 2009/2010. De wedstrijden tegen Barcelona en Bayern München. Wesley staat op, kijkt naar de beelden en geeft commentaar. 'Let op, mijn hakballetje op Eto'o.' (...) 'En hier, de pass op Milito.' Ik herken opeens weer de voetballer Sneijder. De liefhebber.
Bijna een jaar na zijn vertrek bij Real keerde Wesley terug naar Bernabéu om de grootste clubprijs van het jaar op te halen. Met een team dat hij vooral oerdegelijk noemt. Wesley wijst zijn medespelers aan tijdens de huldiging, na de 2-0-zege op Bayern, de ploeg van Van Gaal.
'Beesten waren het, die verdedigers, Maicon, Lucio, Cordoba, Samuel, Motta, Materazzi, Zanetti. Ik hoefde alleen maar te voetballen. Dat zei Mourinho altijd tegen me: *jij mag iets met die bal verzinnen*... Kijk hem daar staan, die Mourinho, zijn handen in zijn zij, zo arrogant, wijzend naar die Cup.'
Sneijder is weer helemaal terug in 2010. Hij vraagt of we de samenvatting nog eens kunnen afspelen.

WK 2010

'Weg met die boekjes!' schreeuwde Bert van Marwijk. 'Op de grond ermee!'

Vanuit Nederland waren tijdschriften naar ons toegestuurd. Daar zaten we wat in te bladeren, lekker ontspannen. We hadden ons kort daarvoor geplaatst voor de tweede ronde van het WK, na drie gewonnen poulewedstrijden.

Maar ineens ging de trainer flink tekeer, vlak voordat we gingen lunchen. Uit het niets en om niets, vond ik. Ik kon het niet laten mijn tijdschrift treiterend traag neer te leggen. Niet op de grond, maar op de stoel naast me.

'Sneijder, op de grond zei ik toch!?'

Iedereen was doodstil.

Het waren geen mooie overwinningen op Denemarken, Japan en Kameroen. Dat wisten we zelf ook wel. Maar toch, het waren drie overwinningen op rij, tijdens het WK. Goed voor het zelfvertrouwen. Zeker ook na die domper in de uitzwaaiwedstrijd tegen Hongarije, toen Robben met een hamstringblessure uitviel en leek afgeschreven voor het WK.

Maar Robben kon nu weer meedoen. En we vormden echt een hecht team, een hechte selectie. Elke training weer vlogen de vonken ervanaf. Onze 'B-groep', met spelers als Boulahrouz, Ooijer, De Zeeuw, Huntelaar, Afellay, Elia en Babel, was ook geweldig. Die gasten trainden messcherp en waren keihard in onderlinge partijtjes, maar kenden en respecteerden ook de verhoudingen. Ze stonden in dienst van het A-team.

Om al die redenen was ik echt positief over onze kansen op dit WK. Maar ik wist ook dat pers en publiek daar anders over dachten. 'We gaan ver komen,' zei ik dan ook tegen de journalisten in het Sheraton-hotel in Johannesburg. De ogen waren toch een beetje op mij gericht, na mijn topjaar met Inter. Ik voelde me ook ijzersterk. Alles wat ik aanraakte veranderde in goud. Zelfs zo'n zwabberbal tegen Japan, waarmee ik de winnende goal maakte.

De uitbarsting van Bert van Marwijk had ik dus niet zien aankomen. Wij allemaal niet. En zo hadden we hem ook nog nooit gezien. Hij stond echt te briesen. 'Als jullie denken dat je er al bent, dat het lekker loopt, dan heb je het mis! Dit stelt nog niks voor. Het moet en zal beter. Concentreren, moeten jullie je. Dit is een WK, hoe denk je met dit spel in godsnaam de finale te halen?'

We waren verbijsterd. Dat zei ik ook tegen hem. 'Trainer, Robben, Van Bommel en ik komen net uit een finale. Maar we hebben wel drie keer gewonnen. En we hebben het goed samen. We lullen, kaarten en lezen. Wat is daar mis mee?'

Hij reageerde niet en ging grommend aan tafel zitten. Wij

zwijgend. Je kon een speld horen vallen. En na de lunch zei hij: 'Sneijder, naar mijn kamer.'

Daar keek hij me eerst strak aan en toen grijnsde hij. 'Jij hebt de boodschap begrepen, Wesley,' begon hij. 'Ik wil discipline en jij toonde je een ware leider. Ik ben blij dat je bent opgestaan, dat hoopte ik ook. Jullie zijn een mooie eenheid.'

Daarom heb ik Van Marwijk zo hoog zitten. Hij speelde op de juiste manier met onze gevoelens, prikkelde ons. En hij kreeg voor elkaar wat hij wilde, met niet de makkelijkste jongens. Iedereen ging voor hem door het vuur. Ook na de moeizame overwinning in de tweede ronde tegen Slowakije. Die wedstrijd dat hij Van Persie wisselde en Van Persie boos werd. 'Waarom ik weer?', zou hij, volgens liplezers, achter zijn hand hebben gezegd. 'Je had Sneijder moeten wisselen.'

Terug in het hotel moest ik van de trainer meteen Van Persie aanschieten – 'Uitpraten, nu' – en ik vroeg Robin op de man af of-ie dat had gezegd. Hij zei van niet. En ik geloofde hem meteen. Nee, we zijn nooit grote vrienden geweest, maar we werkten wel voor elkaar en ik had geen hekel aan hem. We waren gewoon twee mondige, bepalende spelers, twee ego's. Ik zag hem vooral als een grote voetballer. Als die in mijn gezicht beweert iets niet te hebben gezegd, dan neem ik dat aan. En in het heetst van de strijd, in alle emotie, kan veel gebeuren. Dus ik tilde er sowieso niet zwaar aan.

De trainer vroeg daarna aan ons of het uitgepraat was.

Dat was zo. 'Over en sluiten dan,' beval Bert. 'En niet meer over hebben.'

Die man had ook wel wat te stellen met ons. Tijdens dat WK zaten we op een avond in de lobby van het Sheraton in Johannesburg. Van Marwijk, zijn vriend en assistent Cooky Voorn en wat spelers. Opeens stapte Yolanthe het hotel binnen. Dat was echt *not done*, ookal bleek Yo keurig toestemming te hebben gevraagd. Ik voelde me meteen ongemakkelijk. Wat was dit nou? 'Ik kom nog een cadeautje brengen voor je verjaardag,' zei ze.

'Nou, geef maar snel dan,' zei ik. Het is familie moeilijk uit te leggen dat je tijdens een trainingskamp niet zomaar mag binnenvallen in het spelershotel.

'Kan niet,' zei ze, 'je moet effe meelopen. Ik kan het hier niet laten zien...'

Ik kreeg het Spaans benauwd.

'Kom even mee naar het toilet,' ging ze verder.

Ondertussen zag ik iedereen loeren. Wat moesten die gasten wel niet denken? *Wes en Yo gaan zeker naar binnen voor een snelle...* Maar dat was niet zo.

Yolanthe wilde een tatoeage op haar rug laten zien. *Te agradezco Dios por Wesley.* Ik dank God voor Wesley.

Die tatoeage ontroerde me. Dat mijn droomvrouw zoiets voor me had gedaan. Trots en blijdschap overheersten op dat moment, maar het ongemakkelijke gevoel bleef. 'Je kunt niet te lang blijven,' zei ik. 'Dit is een trainingskamp. Kan echt niet, schat...'

Van Marwijk had alles gezien, vond er wat van en liet dat ook blijken, maar hij maakte er verder geen punt van. 'Gelukkig duurt het weer even voor je weer jarig bent,' zei hij alleen. Dat hij zo met die situatie omging, kwam misschien ook door Cooky. Die was een soort tweede vader voor mij. Schat van een man. Zacht. Te zacht, misschien. Maar door hoe hij is, kon hij wel tussen de spelersgroep en de coach bewegen.

Ondertussen bereidden we ons voor op de kwartfinale tegen Brazilië, de titelfavoriet. Daar waren we helemaal klaar voor. Iedereen in het team voelde dat. Tot pal voor de wedstrijd, tijdens de warming-up. Ik hoorde het pas in de kleedkamer, Rafael zei het me. Joris Mathijsen was geblesseerd geraakt. 'Ik ken hem,' zei Rafael, 'hij gaat het niet redden.'

'Haal hem er maar af, trainer,' zei ik tegen Van Marwijk, maar die had André Ooijer al laten warmlopen. 'Dit wordt mijn avond,' zei André, kalm, midden in de paniek. Ik geloofde hem en had er vertrouwen in. Maar het liep anders. In de eerste helft werden we helemaal weggespeeld en Robinho maakte 1-0. Maarten Stekelenburg zorgde ervoor dat het daarbij bleef en we niet bij rust al totaal kansloos waren om de finale te halen.

In de kleedkamer namen Van Marwijk en ik na elkaar het woord. Ik weet nog goed dat de trainer ons feliciteerde. 'Het is maar 1-0,' zei hij, wijzend naar de andere kleedkamer. 'En die Brazilianen hiernaast weten dat Nederland niet nóg zo'n slechte helft zal spelen.'

'We gaan doen wat we moeten doen,' zei ik. 'Dan verdomme maar met 3- of 4-0 eraf, maar we gaan voluit. Met alles wat we hebben. We gaan ons toernooi hier niet verkloten!'

En zo gingen we terug naar buiten, het veld op. Al snel maakte ik 1-1. We waren helemaal door het dolle en ik hoorde mijn Inter-clubgenoten schelden, Lucio en Maicon. Rijp voor de slacht waren ze. En toen kwam die hoekschop.

Ik weet nog steeds niet wat me bezielde om het vijfmetergebied van Brazilië in te gaan. Ik had op de zestienmeter moeten staan, zoals altijd. Maar dat deed ik niet. Was het voorzienigheid? Een hogere macht? Intuïtie? Geen idee.

Ik zie het allemaal nog zo voor me, in slow motion. Die indraaiende corner, die blonde krullen van Kuyt. De bal die op me afkomt, op mij, die nog nooit uit een corner heeft gekopt, die nog nooit in deze positie heeft gestaan. En uitgerekend ík kop 'm erin! Waanzin, pure waanzin. Wat een wedstrijd.

Uruguay was de volgende, in de halve finale. Die mochten we niet verliezen. De overwinning tegen Brazilië zou geen kloot meer waard zijn als we van Uruguay zouden verliezen. Maar tijdens de wedstrijd voelden we ons onverslaanbaar, hoe spannend het ook was. Iedereen dacht hetzelfde: niemand pakt ons die finale af. Dat zeiden we in het veld ook tegen elkaar. En dat gebeurde ook, we haalden de finale. Na afloop liepen een paar spelers een rondje met

de namaak-World Cup. Dat was mij te vrolijk, te positief. Te tevreden. We hadden tenslotte nog niets. Terwijl het hoogste haalbaar was. We stonden op het punt historie te schrijven. Dat kleine kutlandje met de Wereldbeker, als we maar niet te vroeg juichten.
De uren voor de finale voelde ik me heel ontspannen. Voor de wedstrijd keek ik langs de kant nog naar de show met Shakira en stuurde ik mijn vriend, Kaay, William weet je wel, een sms'je of hij goede zitplaatsen had. Hij reageerde stomverbaasd. 'Concentreer je op die wedstrijd, man! Maak je niet druk om mij.' Toen keek ik om me heen en zag ik dat al mijn medespelers weg waren. Die zaten al in de kleedkamer. En daar proefde ik voor het eerst in dat toernooi een negatieve sfeer. Angst, voor Spanje. Voor hun formidabele tiki-taka-voetbal, wat die gasten zeker in hun halve finale tegen Duitsland hadden laten zien.

Toch hadden we het kunnen redden.

Ja, zij waren beter. Maar ook wij kregen kansjes. En dé grote kans. Maar die teen van Casillas, tjezus.

Terug in onze kleedkamer bleef Sergio Ramos, mijn oud-ploeggenoot bij Real Madrid, lang naast me zitten. Iniesta zat bij Gio... Bizar, maar ook dat is voetbal. 'Feesten komt later,' zei Ramos. 'Eerst jij.'

Ik was helemaal kapot. Wie niet?

De volgende dag waren we alweer terug in Nederland. Bij een feest in Noordwijk kreeg ik ruzie met de dj, die zo nodig een liedje moest draaien van Jan Smit, Yolanthes ex, en daarbij een provocerende opmerking maakte. Ik ging uit mijn dak, ik was zo moe en leeg. Zo voelde ik me ook tijdens de huldiging bij Balkenende en Beatrix. En tevens toen we bij die boottocht over het IJ voeren. Ik zag eerst helemaal niemand langs de kant, lekker dan. Maar toen gingen we de bocht om en stonden daar al die mensen. Onvergetelijk.

Alles was onvergetelijk.

Maar ik was zo kapot, ik wilde naar huis. 'Eerst een hapje eten in Okura,' zei Yolanthe, met wie ik een paar weken later zou trouwen, in Sienna. 'Goed voor je.'

Ik wilde niet. Ik wilde echt niet.

'Maar het is je vrijgezellenfeest!'

Mijn hemel. Zaten er een zooitje vrienden op me te wachten. Ze hebben me die avond volgens mij langs wel 45 kroegen vervoerd. Overal werd ik toegezongen en moest ik op de foto. Wat een dag, wat een weken, wat een jaar. Goud was het. En zilver.

***

Een uur voor de WK-finale, op 11 juli 2010, stond ik in *Soccer City Johannesburg* langs de rand van het veld. Het was koud tijdens de sluitingsceremonie. Mijn mobieltje ging. Maarten Stekelenburg, dacht ik. Die belde me dat toernooi voor elke wedstrijd, altijd een uur voor de aftrap. Dan moest ik met-

een komen, deed hij zijn trouwring af en gaf die aan mij. Een vast ritueel, bijgeloof.
Maar het was niet onze keeper die me belde. Het ging om Hans Jorritsma, de teammanager. Of ik snel wilde komen. Nelson Mandela was bij ons in de kleedkamer. Ik stormde binnen, hoorde André Hazes en zag Wesley Sneijder naar Nelson Mandela staren. Wat we uiteindelijk allemáál deden.
'Maken we toch maar mooi mee, ouwe,' zei Wesley.
Een uurtje na de finale zat iedereen ontredderd in de kleedkamer. Sommige spelers moesten vloekend naar de pers, andere staarden wezenloos voor zich uit. We hadden goud verloren, alles was voorbij. Tot mijn grote verbazing zag ik Sergio Ramos. Niet in zijn eigen feestende chaos, even verderop, maar hier bij ons, te midden van alle treurnis. Hij zat op de grond Wesley Sneijder te troosten. Ik moet ze verbijsterd hebben aangekeken. Wesley merkte me op en zei, jankend: 'Ook dit maken we mee, ouwe.'

Toscaanse bruiloft

Nee, we hebben onze bruiloft niet verkocht. Was het maar zo, zou ik bijna willen zeggen. Want we hebben kosten noch moeite gespaard.

Yo en ik wilden per se op die plek in Toscane trouwen, in Sienna. Zo mooi. En het kasteel boven op die berg was goed af te schermen. We hadden zeker onze mediamomenten, dat kon niet anders, want de aandacht was gigantisch. De bruiloft was zo kort na het topseizoen van Inter en nog korter na het WK.

We leefden in een roes. Er was geen tijd om moe te zijn, er was alleen maar tijd voor geluk. Het was die dag ook nog eens de heetste dag in Toscane in tien jaar. En toch stonden de straten vol mensen. In de kerk verkoelden de gasten zich met waaiers.

Ik had best wat pers verwacht, maar zoveel... Op het pad naar de kerk stond een batterij aan straalwagens opgesteld om beelden live naar God-mag-weten-waarheen te zenden. Ik begreep toen pas goed waar het begrip paparazzi vandaan komt. Het wemelde ervan. We hielden de media op afstand, maakten zelf beelden van de dag en negeerden alle aanbiedingen van anderen. Anders zouden er best meer opnames te vinden zijn dan die impressie op YouTube.

Als je sommige boulevardbladen mocht geloven, had Beyoncé op onze bruiloft gezongen. Dat had ik best graag gewild, maar mijn vriend Kaay zei dat ik ergens nog een beetje normaal moest doen en hij stelde als zangeres Glennis Grace voor, die was toen nog niet zo bekend. Haar optreden was prachtig. De media hadden met hun straalwagens een fragment van haar opgevangen en dachten dat het Beyoncé was, het was Glennis.

Het was druk zat trouwens, met Yolanthes acht zussen en vijf broers plus aanhang, mijn familie en een stoet vrienden. Maar het was top, allemaal. Behalve dat gedoe met het bedrijf dat alles had geregeld maar wel effe een paar ton boven de begroting uitkwam. Het gevolg was een zware ruzie, breed uitgemeten in de media. Ik vond dat ons onrecht was aangedaan en zij vonden dat wij kosten hadden gemaakt die vooraf niet waren begroot. Ik heb nog een keer op het parkeerterrein voor hun deur gestaan om daar de boel kort en klein te slaan. Er is uiteindelijk geschikt.

Onze huwelijksreis was op de Seychellen. Daar hadden we een privé-eiland. Heerlijk, helemaal alleen. De eerste zes dagen mooi weer, maar daarna werd regen en onweer voorspeld. We konden alleen nog maar af en toe wat fietsen, maar na drie keer trappen had je dat hele eiland wel gezien. Toch hebben we er een geweldige tijd gehad.

Toen hebben we een atlas gepakt en blind een plek aangewezen om naartoe te gaan. Het werd Saint-Tropez. Stokbrood bij het ontbijt, in de tuin. De zon in, eten bij Nikki Beach. We hebben geweldige feesten meegemaakt, zo was er bijvoorbeeld een groep van twintig Mexicanen die champagneflessen aan onze tafel bleven openknallen.

We zijn die zomer geëindigd op Ibiza, waar Yolanthe geboren is. Het was de afsluiting van een ontzettend druk, spannend en inspannend seizoen. En het nieuwe seizoen stond alweer voor de deur.

We huurden daar een huis met twee bevriende stellen: Patrick Kluivert en zijn vrouw Rosanna, met wie we toen nog heel goed waren, en mijn trouwe maat Kaay en zijn vrouw. Op een van de laatste avonden gingen we eten in Blue Marlin, Ibiza-stad, en rond middernacht kwamen we thuis. Yo en ik hadden een kamer pal naast de entree en op het moment dat wij binnenstapten, hoorden we Rosanna gillen: 'Er is ingebroken! Er is ingebroken!'

Het was een ravage beneden, in het souterrain. Alles lag overhoop en onze kluis was geforceerd. Alles weg: geld, paspoorten, horloges, de camera met alle foto's van de Seychellen. Een ramp natuurlijk. Ik holde weer naar boven, naar onze kamer, en daar bleek ook het een en ander overhoop te liggen. Mijn horloge lag nog wel op het nachtkastje en daarom bekroop mij het klotegevoel dat wij de inbrekers gestoord hadden, dat zij nog in de buurt waren.

Met onze mobieltjes hadden we geen bereik en Kaay

scheurde met de auto naar het politiebureau. Ik ging buiten kijken of ik ze nog zag, held die ik ben... Toen ik half op de weg stond, racete er ineens een auto de hoek om. Met de lichten uit. Ik kon nog net opzijspringen.

Een halfuur later kwam Kaay terug, met wat agenten. Die wilden eerst met mij op de foto, voordat ze aan het werk gingen... Een paar jaar later zijn de inbrekers, vier Roemenen, alsnog gepakt, bij een andere kraak.

Die nacht sliepen we niet meer. Nou ja, *ik* sliep niet meer. De rest stortte van vermoeidheid in elkaar. Met de nagellak van Yolanthe heb ik toen de nagels van Kaay gelakt. Hij snurkte door en ontdekte zijn rode nagels toen hij de volgende morgen in zijn slippers stapte. 'Jij bent gek, Wes! Dat je dat doet, na zo'n nacht.'

Wat een zomer, dacht ik zelf. Top met Inter, top met Oranje, een tophuwelijk... En ik vroeg me af: wordt het ooit nóg beter?

* * *

Op YouTube is een impressie te vinden van de trouwdag van Wesley Sneijder en Yolanthe Cabau van Kasbergen, op 17 juli 2010. Het decor is een idyllisch kasteel, Castel Monastero, op een berg boven Sienna, in Toscane. De straten zijn volgelopen met verwachtingsvolle fans, de lucht is staalblauw en een heuse 'heraut' kondigt de komst aan van het aanstaande echtpaar. Gasten rijden af en aan.

Een sprookjeshuwelijk. Vandaar dat fotograaf Peter Smulders de mediameute aanvoert. Wesley wordt in zijn lichtblauwe pak gehesen, Yolanthe in haar bruidsjurk. Andrea Bocelli zingt onder de beelden. De kerk stroomt vol, de bekende gezichten schieten voorbij. Sjaak Swart, Søren Lerby, Nigel de Jong. Maar er zijn meer dan tweehonderd gasten. Er wordt gesproken in het Engels en Italiaans. De gasten binnen en de Inter-fans buiten klappen bij het ja-woord. *You're too good to be true*, is nu de achtergrondmuziek.
Ik realiseer me nu pas dat de zomer van 2010 een krankzinnige zomer was voor Wesley Sneijder. En dat ik niet was uitgenodigd... En dat *mijn* huwelijksfeesten iets minder uitbundig waren. De afsluitende beelden, waarin Wes en Yo in een witte Bentley door de straten van Sienna glijden en naar de mensen wuiven, zijn op z'n minst indrukwekkend.

EK 2012

Het EK 2012 was he-le-maal niets.

Kut.

Droevig.

Nul punten uit drie wedstrijden. We werden gewoon uitgelachen. Hopeloze, hulpeloze weken waren het.

Dat toernooi heb ik zo veel mogelijk uit mijn geheugen gewist. Ik durf wel te zeggen dat ik er veel aan heb gedaan om het tij te keren. Praten, schelden, smeken. Maar de teamgeest van 2010 was er nooit. En ik had al zo'n voorgevoel.

In Hoenderloo wilde ik er al uit stappen. Ik was sowieso geen liefhebber van dat hele Hoenderloo. Met die vakantiehuisjes. Ik voel me beter in een hotel als Huis ter Duin. Lekker levendig.

Maar waar we ook hadden gezeten, het probleem was de sfeer in de groep. Er was geen sfeer. In 2010, in Zuid-Afrika, stond er een team en was de hiërarchie binnen de selectie duidelijk. Niemand twijfelde aan de eerste elf en de tweede groep maakte de eerste groep sterker. In keiharde trainingen en keiharde onderlinge partijtjes stimuleerde het tweede het eerste. Zonder die wisselspelers was de basis-elf nooit zo goed geweest.

In Hoenderloo proefde ik de verdeeldheid. Concurrentie is goed, maar ongezonde concurrentie niet. Spelers lulden over elkaar. Onderling en tegen de pers. Er werd van alles gelekt. Kleine nieuwtjes en grotere, zoals de wedstrijdopstelling van Van Marwijk voor een oefenpotje. Dat lekken was vreselijk. Ikzelf had goede contacten met Mike Verweij van *De Telegraaf*, maar ik heb hem nooit iets serieus gegeven. Nooit.

De pers speelde een belangrijke rol in die verdeeldheid binnen de groep. Het *Algemeen Dagblad* koos voor Van Persie, *De Telegraaf* voor Huntelaar. Er was geen rust. Ik heb Van Bommel, Van der Vaart, Huntelaar, Ooijer en Nigel de Jong nog een keer in zo'n huisje bij elkaar geroepen. *Laten we kappen met die ongein, met dat geleuter. Laten we gewoon met z'n allen naar dat toernooi toeleven.*

Maar eigenlijk wilde ik al niet meer mee naar dat toernooi. Mij te ongezellig. Daarom zag ik enorm op tegen die lange weken tijdens het EK. Terwijl ik toch een makkelijke ben. Ik heb daarover zelfs een halfuur met Yolanthe aan de telefoon gehangen. 'Je moet mee,' zei ze, 'je kunt nu niet afhaken.' Daarna heb ik er nog over gesproken met Mark van Bommel, onze aanvoerder. 'Niet kappen, nu, Wes, we trekken het recht.'

Ik kan niet precies aangeven wie waaraan schuldig was.

Echt niet. Niemand, denk ik. Het deugde gewoon niet. Ja, te veel grote ego's bij elkaar, dat zeker. We waren de vicewereldkampioen, iedereen vond en wist dat-ie goed was. Iedereen vond dat-ie in de basis thuishoorde, iedereen wilde deel uitmaken van het nieuwe succes. De opofferingsgezindheid van 2010 bestond niet meer. Maar ik ben gegaan, met tegenzin. Vooral omdat ik het Oranje-shirt wilde dragen.

Tijdens het toernooi zat ik niet aan een 'Amsterdamse tafel'. Ik kon het ook goed vinden met de PSV'ers. En nee, ik had ook toen niks tegen Robin van Persie. Hij was en is geen vriend, maar was en is ook geen vijand. We hadden een zakelijke relatie, met respect voor elkaars voetbalkwaliteiten.

Ik was geen aanvoerder, maar heb me wel zo gedragen. Dat was soms nodig. Ik voelde dat er spelers waren die in Van Bommel vooral de schoonzoon van de bondscoach zagen en dachten dat zij samen de opstelling maakten.

Het had misschien nog goed kunnen komen als we onze openingswedstrijd hadden gewonnen. Van Denemarken, net als in 2010. Toen speelden we slecht, maar wonnen we en groeiden we in het toernooi. Nu speelden we goed maar verloren we, en kregen we alle shit over ons heen. Het had 3-0 voor ons moeten zijn, maar wij misten onze kansen, Krohn-Dehli scoorde kort voor rust en het bleef bij 0-1. Wie die wedstrijd terugkijkt, ziet dat wij echt veel beter waren. Maar het mocht niet zo zijn. Winst had de hele sfeer een *boost* gegeven, maar dit verlies maakte iedereen nog onzekerder. De samenstelling van de basis was onderling weer voer voor discussie.

En Duitsland en Portugal moesten nog komen.

Na die nederlaag tegen Denemarken vlogen we vanuit Charkov, Oekraïne, terug naar ons hotel in Krakau, in Polen. Ik vroeg aan Van Marwijk of we met de jongens een avondje uit eten mochten, buiten het hotel. Ter bevordering van de onderlinge verhoudingen wat drinken en lachen met elkaar. Van Marwijk voelde ook de verdeeldheid in de groep en we mochten van hem uit eten, met een klein drankje erbij. 'Maar jij bent verantwoordelijk,' zei Van Marwijk, met wie ik nog steeds goed was en die ik kende als een rustige, bekwame en sterke manager.

Maar het ging toch mis.

De staf heeft pas later meegekregen dat ik Van Bommel en Huntelaar uit elkaar moest trekken. Die waren doorlopend aan het zeiken tegen elkaar. Voor trainingen, na besprekingen, stekelige opmerkingen en hatelijkheden. Ik hoorde achteraf dat die twee elkaar later in de ontbijtzaal nog een keer zijn aangevlogen. Die gasten lagen elkaar niet, dat wist iedereen wel. Ik weet niet precies waarover het ging in dat restaurant. Over de opstelling tegen Duitsland? Dat Huntelaar vond dat-ie te weinig kans kreeg? Geen idee. Het doet en deed er niet toe. Het was gewoon klote. En niet te stoppen.

Niemand kon zijn vinger erop leggen. Jij niet, als onze perschef, Van Marwijk niet en zelfs zijn assistent Cooky Voorn niet. Terwijl die toch bezwerend van de een naar de ander holde om alle akkefietjes weg te lullen. Want dat waren het, akkefietjes.

Achteraf gezien hadden ze misschien iemand naar huis moeten sturen. Wie precies maakt niet uit. Voor het schokeffect. Maar nu bleven we met twee kampen tegenover elkaar staan. Het kamp-Van Persie en het kamp-Huntelaar. En iedere speler heeft dan zijn eigen aanhang. Huntelaar vond dat hij een kans moest krijgen, Van Persie kreeg de voorkeur van Van Marwijk. Het was een ongezonde concurrentie. Ik denk wel dat ik op het veld overeind ben gebleven; ik zakte in elk geval niet door de ondergrens. Al is dat misschien wel gelul, want als team zakten we wel door de ondergrens en daar gaat het om.

Ook tegen die Duitsers begonnen we goed. Gomez scoorde echter twee keer, vóór rust nog. Van Persie maakte een mooie 1-2 en toen kregen we weer wat hoop, maar de gelijkmaker bleef uit.

Het bijzondere was dat we na de 1-2 tegen Duitsland nog steeds een kans hadden op de volgende ronde. Tegen Portugal stond Rafael in de basis. We moesten winnen en kwamen via Raf in het begin met 1-0 voor, maar daarna scoorde Ronaldo tweemaal. We spelen ook nooit lekker tegen die Portugezen...

We speelden dat toernooi tegen onszelf. Kennelijk iets typisch Nederlands, na een goed resultaat bij het toernooi ervoor. Zoals Oranje op het EK '76 na zilver op het WK '74, het EK '80 na zilver in '78 en het WK '90 na goud bij het EK '88.

We wisten het en deden er niets aan. Omdat we nooit een team waren. Blijkbaar gaat het soms zo. Profvoetballers zijn soms net roofdieren en soms net mensen, met gevoelens. Ik had gewoon mijn eerste gevoel moeten volgen en thuis moeten blijven. Maar dat is ook weer onzin, want dat had ik nooit gekund.

* * *

Ik stond erbij en keek ernaar. Twee jaar na het zilver gingen we nu op voor goud. De kwalificatie voor het Europees kampioenschap in Polen en Oekraïne was vrijwel rimpelloos verlopen. De gouden generatie was er nog, rijp voor een nieuwe hoofdprijs.

We zaten in de poule des doods, met Denemarken, Portugal en Duitsland, dat wel. Maar iedereen was vooral bang voor Oranje en Oranje was bang voor niemand; 2012 zou een betere uitvoering van 2010 worden. Met dezelfde coach, vrijwel dezelfde staf en bijna dezelfde spelersgroep. Gepokt en gemazeld.

Maar het werd niets. Van Marwijk zei direct na afloop dat hij had gefaald. Dat gevoel had ik als perschef ook. In 2012 leek niets op 2010. Via een achterdeur op Schiphol keerden de vedetten terug van een troosteloos toernooi. Een verdeelde groep.

Oranje was terug bij af.

Van 6 naar 3 miljoen

December, 2012. Inter vierde kerst. In een restaurant niet ver van mijn huis. Maar ik zat thuis op de bank, met Yolanthe. Ik hoorde niet meer echt bij de club. Vond ik. Vond de directie.

Ik moest weg, na ruim drie jaar bij de club. Het was crisis bij Inter en de club had geld nodig. Ik werkte alleen niet mee aan een transfer en weigerde de zware salarisverlaging die de club wilde doordrukken. Daarom mocht de trainer, Andrea Stramaccioni, mij niet meer opstellen. Hij was de voormalige jeugdtrainer en de zoveelste hoofdtrainer binnen nog geen twee seizoenen. Ik was heel goed met hem. Hij vertelde mij in vertrouwen dat hij met zijn rug tegen de muur stond.

Het was een klotetijd. Voetballen is het leukste wat er is en dat werd mij ontnomen. Daar werd ik strontvervelend van. Ook thuis. Ik bevond me meer in het nachtleven dan goed voor me was. Inter had mij een belangrijk deel van mijn leven afgepakt. Ik voelde me een paria.

Toch was ik voor dat kerstfeest uitgenodigd. Toen mijn

medespelers merkten dat ik thuis bleef, stuurden ze me berichtjes: *Kom nou, Wes, we maken het gezellig, doe het voor ons, kan jou die clubleiding wat schelen...* Ik begon te aarzelen. Yolanthe zei dat ik zelf moest weten of ik ging, maar dat zij niet zou meegaan. 'Ze hebben je te veel aangedaan.'

Ik ging, eventjes maar, ik kon er tenslotte heen lopen. En daar zaten ze allemaal, aan tafels. De spelers aan een tafel bij elkaar, de directie aan een tafel. De spelers klapten toen ik binnenkwam. Ik nam een drankje. Een tweede. Een derde. Toen stapte ik op de directie af en schold ik ze helemaal verrot. Marco Branca, de technische baas, als eerste. En het heftigst. Toen ik thuiskwam, wist ik dat het einde van mijn Inter-periode definitief was aangebroken. Een vertrek uit Milaan was onvermijdelijk.

We waren de overstap van Mourinho naar Real Madrid eigenlijk nooit meer te boven gekomen. Het was ook alsof binnen de club, na het winnen van de Champions League, de missie was voltooid. Voorzitter Moratti zat er ook niet meer zo bovenop. En de nieuwe trainer, Benítez, wilde blijkbaar meteen aan het begin van het seizoen zijn stempel drukken.

Samuel Eto'o en ik stroomden later in, vanwege het WK, en werden direct na de eerste training bij Benítez geroepen. Samuel ging als eerste zijn kantoortje binnen, ik wachtte buiten. Na tien minuten was-ie al klaar. Boos gezicht.

'Wat is er?'

Benítez wilde hem linksbuiten laten spelen, dit seizoen, en dat wilde hij niet. Eto'o zei dat hij onder Mourinho wel vaak linksbuiten had gespeeld, *maar dat was onder Mourinho*. En dat vond Benítez niet leuk. *Ik wil nu spits spelen, dat is mijn positie...*'

Daarna moest ik naar binnen. 'Wesley, jij speelt dit seizoen als controlerende middenvelder, net iets voor je verdediging...'

'Dacht ik niet,' zei ik. 'Trainer, we hebben fantastisch gedraaid vorig seizoen, ik ook. Ik pass en scoor. Speelde een mooi WK. Waarom moet het nu anders?' Het was geen topgesprek, en dat hebben we ook nooit meer gehad. Maar we draaiden toch nog redelijk.

Aan het begin van het seizoen waren er ook transfergeruchten rondom mijzelf. Manchester United zou zich bij Søren Lerby voor mij hebben gemeld. Maar dat ketste af, blijkbaar. Veel later hoorde ik dat Lerby bij Ferguson een bedrag onder tafel zou hebben gevraagd, waardoor de transfer niet doorging... Ik weet niet of dat gerucht waar is. Maar Inter waardeerde mijn contract wel op. Tot 6 miljoen per seizoen.

Onze thuiswedstrijden trokken gemiddeld 60.000 toeschouwers. Maar AC Milan was sterk, sterker dan wij. Op een gegeven moment liepen we tegen een achterstand van zeven punten op. Dat doet pijn in de stad. Benítez vroeg ook telkens om nieuwe spelers, tot onze ergernis en die van Massimo Moratti. En de trainer lag doorlopend in de clinch met Materazzi. Dat moet je in het veld niet doen en daarbuiten zeker ook niet, want Materazzi is een echte clubheld.

Begin december wonnen we in Abu Dhabi het WK voor clubteams. In de halve finale, die we met 3-0 wonnen van Seongnam FC, Zuid-Korea, raakte ik al snel geblesseerd. De finale wonnen we, zonder mij, van TP Mazembe, uit Congo. Na afloop in de kleedkamer zagen we een live-interview met Benítez. Moratti zat bij ons in de kleedkamer, zoals altijd. Hij was als een vader voor ons en rookte ook stiekem een sigaretje mee met sommige spelers. Benítez begon in dat interview weer zeer nadrukkelijk over nieuwe spelers. We werden er doodmoe van. Stanković pakte Moratti beet en zei: 'President, dit is het moment om in te grijpen.' Wat kort daarna gebeurde.

Leonardo kwam. Schat van een gozer. In de Champions League gingen we door via FC Twente, Werder Bremen en Tottenham Hotspur. Wel moeizaam, we eindigden als tweede in de groep. In de achtste finales wonnen we nog wel van Bayern München, maar in de kwartfinale kregen we klop van Schalke '04.

In de competitie eindigden we als tweede en we hadden twee keer verloren van AC Milan, met 1-0 en 3-0. Ik speelde dat seizoen 25 wedstrijden in de Serie A en maakte vier goals.

Het volgende seizoen (2011/2012) begon de ellende pas echt. In september 2011 verloren we van Palermo en Novara en speelden we thuis gelijk tegen AS Roma, zodat we na de eerste drie wedstrijden slechts één punt hadden gehaald. De *Gazzetta dello Sport* maakte ons af en Inter raakte weer eens in paniek.

Eto'o was verkast naar Rusland en zijn opvolger, Diego Forlán, bleek geen Eto'o. En we kregen in één seizoen te maken met drie trainers; eerst Gasperini, daarna Ranieri en uiteindelijk Stramaccioni. Met Gasperini had ik niet veel, een defensieve trainer. Met Ranieri ging het een tijdje beter, maar niet voor lang. De club had ook geen grote aankopen gedaan. Ik herinner me alleen Ricardo Álvarez en Forlán. En Luc Castaignos kwam over van Feyenoord, achttien jaar oud nog maar en totaal onervaren.

In de Serie A eindigden we als zesde, 26 punten achter Juventus. Dat betekende geen Champions League, maar Europa League. Mijn statistieken waren dat seizoen wel redelijk: twintig competitiewedstrijden, vier goals. En de fans waren nog altijd blij met me. Maar de club was in paniek, raakte in geldnood en wilde van mijn contract af, of uitsmeren. *Spalmare*. Met andere woorden: mijn contract verlengen, maar tegen mindere condities. Dat wilde ik niet. Niet zo lang geleden hadden ze mijn contract nog spontaan verhoogd. Zij kwamen daarmee. En nu moest ik van 6 naar 3 miljoen. Het meest storende vond ik dat het een dictaat was. Zonder enig overleg. Ik had best mee willen en kunnen denken, maar dat dictaat accepteerde ik niet. *Basta.*

Toen begon het pesten. Dan gaan officials opeens anders tegen je doen. Eerst slijmen, dan negeren. Andere spelers ophemelen. Je salaris later betalen. De trainer beïnvloeden. En uiteindelijk maakte ik geen deel meer uit van de wedstrijdselectie, ongeveer in de periode dat ik aanvoerder werd bij Oranje. De club liet me niet meer spelen, waardoor ik steeds minder wedstrijdfit werd. Daar had Louis van Gaal natuurlijk gelijk in, maar dat kwam doordat de directie van Inter mij respectloos haar wil had opgelegd. *Mijn* Inter, nota bene!

Na dat kerstdiner eind 2012 was het echt over. Inter en ik gingen uit elkaar, we moesten uit elkaar. Yolanthe was het er ook mee eens. Ze zag wel op tegen een verhuizing, Milaan was top. Weer een andere stad, in weer een ander land, zou voor haar moeilijker zijn dan voor mij. Ik zou weer snel in het ritme komen; elke dag naar de club, trainen, eten, trainen, wedstrijden. Maar dat is nou eenmaal het leven van een voetbalgezin.

En we gingen snel. Dat moest ook, ik was thuis niet te harden, stiksikkeneurig.

Er stond al een paar dagen een man bij ons in de buurt, die ik eerst negeerde, maar uiteindelijk toch sprak. Een Turk. 'Komt u naar Galatasaray, mijnheer Sneijder?' Hij regelde een gesprek in een hotel en anderhalf uur later waren we eruit.

'Fijn,' zei Yolanthe, toen ik blij thuiskwam. 'Wanneer gaan we?'

'Morgen.'

* * *

Op 20 januari 2013 stormden de beelden van een vertrekkende Wesley Sneijder over de talloze Italiaanse tv-kanalen. Nauwelijks actiebeelden, vooral beelden van zijn koppie. Een blij hoofd, stralende glimlach, grote witte tanden. Meestal na een doelpunt, of een overwinning. Soms in de armen van een beroemde medespeler. Hij is slank en oogt volmaakt gelukkig. Ook op de beelden buiten het veld, tussen de fans. Ze omhelzen hem en hij laat alles toe. Wesley past zich overal aan. En wint. *Grazie, Wes*. *Ciao*. Alsof Inter is overleden.

WK 2014

Arjen Robben begon zijn warming-up voor de wedstrijd altijd al in het hotel. Dan stapte hij met die verbeten kop de lift uit, de lobby in. Met die strakke legging aan, en dat superstrakke onderhemd over dat pezige lijf. Ik keek daar stomverbaasd naar, wat een lichaam. En op en top concentratie. Zo anders dan ik.

Ik ben juist ontspannen voor een wedstrijd. Dat heb ik nodig. Ik train dagen voor die wekelijkse wedstrijd en dan verheug ik me daar echt op. Wat kan mij nou gebeuren? Ik speel goed, middelmatig of slecht. Volgende keer nieuwe kansen. Dat gevoel overheerst bij mij. Arjen voert voor zichzelf juist altijd de spanning op. De aftrap was voor hem de ontlading. Eenmaal in het stadion en in de kleedkamer was hij ook altijd als eerste in de warming-upruimte. Wanneer wij net gingen zitten om ons om te kleden, ging hij al tekeer. Dan hoorden we zijn voeten rammelen terwijl hij zichzelf aanmoedigde. Ik dacht vaak dat hij al voor de wedstrijd uitgeput zou raken, maar niks daarvan. Eén bonk energie. Altijd de beste willen zijn. Tijdens het Wereldkampioenschap 2014 in Brazilië was hij ook de beste. Beter dan

Messi. Beter dan wie dan ook. Met zijn snelheid als grote wapen, uiteraard. Maar ook zijn traptechniek was een wapen. En zijn scoringsdrift. Zijn eeuwige drive.

Arjen is totaal anders dan ik. We konden elkaar soms irriteren, vanwege onze verschillende karakters, maar veel vaker was er wederzijdse waardering. Hij wilde mij er ook graag bij hebben in Brazilië, spoorde me aan, zei dat hij mijn passes nodig had. En dat bleek ook.

Met de ouderen in dat elftal spraken we veel samen. Over mentaliteit, tactiek, hoe te winnen. Louis van Gaal zette ons daartoe ook aan. Hij had ons overtuigd van het systeem: 1-5-3-2. Dat lag gevoelig in Nederland. Maar we hadden vóór het WK slechte oefenpotjes gespeeld. Frankrijk-uit, een ramp. Daarna moeizaam gelijk tegen Ecuador en kleine overwinningen op Ghana en Wales. Weinig goals voor, weinig tegen. Tijdens het trainingskamp in de Algarve maakten Van Gaal en Danny Blind de switch. We gaan eerst zekerheid inbouwen, besloten ze. Dat betekende vijf verdedigers, maar het liefst met twee zogenaamd 'hoogstaande' backs, zodat we 1-3-5-2 speelden. De gedachte was: we hebben jonge, niet zulke ervaren verdedigers en voorin hebben we de formidabele Van Persie en Robben. 'WE GAAN EEN TEAM MAKEN!' Ik hoor het Van Gaal nog zeggen.

In Portugal hebben we enorm getraind op dat andere, zogenaamd on-Nederlandse systeem. Ik geloof nog steeds dat het merendeel van de pers niet zag waarmee wij bezig waren. Naderhand kwam de kritiek. Dat Van Gaal tijdens het toernooi telkens had moeten wisselen om uiteindelijk succes te halen. Maar dat wisselen, dat was gewoon onderdeel van zijn plannen. Hij had altijd plan A, B en C. En voorafgaand aan de wedstrijd zei hij altijd waarom, hoe en wanneer hij zou gaan wisselen. Danny en hij hielden ons telkens voor dat het *juist* onze kracht zou zijn dat we van 1-5-3-2 konden omschakelen naar 1-4-3-3. Ja, die '1' heeft Van Gaal er ingepeperd. Als wij het over 4-3-3 hadden, corrigeerde hij: *1*-4-3-3. De keeper moesten we van hem noemen.

'Ik heb de spelers voor tal van verschillende systemen,' zei hij bij elke bespreking. Met 1-5-3-2 bouwde hij rust en zekerheid in. 'MAAR KIJK EENS DAAR!' En dan wees hij naar spelers als Kuyt, Wijnaldum, Fer, Depay, Lens. 'DAT ZAL JE MAAR ACHTER DE HAND HEBBEN!'

In Portugal ontstond het geloof. Ook bij de trainers. Van Gaal zei eerst nog op televisie dat wij in de schaduw stonden van allemaal grote landen. Maar pal voor het vertrek naar Brazilië zei hij dat wij zouden gaan verrassen en misschien wel de halve finale konden halen. Hij werd bijna uitgelachen, maar ook wij als spelers deelden inmiddels dat vertrouwen.

In Portugal en in Brazilië hebben we zo waanzinnig getraind. Van Gaal joeg ons op, inspireerde. En met mij had hij het nooit meer over onze problemen. We hadden vaak besprekingen, en ze duurden lang... Hij opende alle besprekingen en sloot ze af, maar liet Danny Blind de tactiek tot in de puntjes uitleggen. Op de wedstrijddag hadden we ook nog de liniebesprekingen. Achterhoede, middenveld, voorhoede en wisselspelers apart, in een zaaltje. Het hield maar niet op. Van Gaal hield ons sowieso bezig op de wedstrijddag. Zo mochten we maar een uurtje slapen, anders werden we te suf. We moesten de hele dag scherp zijn. Ik vond het normaal gesproken heerlijk om ruim twee uurtjes te pitten, maar de wekker ging toch echt na zestig minuten, meedogenloos en herhaaldelijk.

Natuurlijk lachten we om dat fanatisme. Om zijn stemgeluid. Al was Van Gaal voor de wedstrijd en in de rust altijd kalm. Hij schreeuwde nooit, of althans, zelden. Hij was klaar voor de wedstrijd, zei hij dan. Wie vandaag heeft opgelet, hoeft nu geen extra tekst meer. En opletten deden we, daar zorgde hij wel voor. Ook zijn wijzigingen in de rust deelde hij kalm. 'Nu plan B' – en dan gingen we weer. Natuurlijk hadden we ook geluk, onderweg, maar geluk dwing je pas af als je vertrouwen hebt.

Dirk Kuyt speelde ook een belangrijke rol. Hij is net zo'n type als Robben. Zo bezeten! Dirk wilde alles spelen. Hij vond ook dat hij alles móést spelen. Maar we hadden Robben en Van Persie, en daarachter Lens en Depay. Ideale types voor 1-5-3-2. Het werd Dirk dan ook snel duidelijk dat hij tijdens het toernooi niet in de basis zou beginnen. Laat ook dát maar aan Van Gaal over. 'Maar ik heb je wel nodig straks,' zei Louis. En opeens vond Dirk zich in Portugal bij onderlinge oefenpotjes terug als linksback, rechtsback, middenvelder en soms ook als aanvaller. De buitenwacht dacht dat Dirk als opvulling fungeerde, in die trainingspartijtjes. Maar intern maakte Louis iedereen duidelijk dat hij serieus was met Dirk. En Dirk beet zich vast, deed het goed op trainingen. Kalm, niet druistig als een echte aanvaller. Ingetogen juist, en met inzicht. Knap. En hij wist dat zijn kans zou komen tijdens het toernooi. 'Het maakt niet uit op welke plek hij me straks opstelt,' zei hij vaak. En Louis zei altijd: 'Iedereen krijgt zijn minuten, alle spelers.' Hij hield zijn woord. In de laatste wedstrijd, in de strijd om de derde plaats, in Brasilia tegen Brazilië, liet hij Michel Vorm in de 93ste minuut invallen voor Jasper Cillessen. En zo hadden alle spelers WK-minuten achter hun naam.

Spanje kwam voor niemand in Nederland op het goede moment. Behalve voor onszelf. Wij waren de underdog, Spanje was al jaren haast onverslaanbaar. Maar wij zagen de bloedvorm van Van Persie en Robben en als team waren we meer op onze defensie gaan vertrouwen. We hadden weliswaar moeizaam van Ghana en Wales gewonnen, maar wel met nul tegengoals. De achterhoede Janmaat - Vlaar - De Vrij - Bruno Martins Indi - Blind voelde steeds vertrouwder. Op het middenveld speelde ik met Nigel de Jong en Jonathan de Guzman naast me. Zelf ook controlerend. Dat was mijn rol, zoals voorzien voor het hele toernooi. Met als opdracht bij balbezit altijd meteen vooruit te passen, naar Robben. Van Persie zou de balvasthouder zijn, Robben wachtte op mijn pass in de diepte.

Na afloop hoorde ik van zogenaamde kenners dat Spanje ons voor rust had overlopen. O ja? Voor wie was dan de eerste enorme kans, vrij voor de keeper? Voor mij. Passje van Robben, ik dook achterom bij Piqué en kwam helemaal vrij voor Casillas. Toen die er niet in ging, dacht ik wel even terug aan 2010, aan Robben en de teen van Casillas. Daarna hoorde ik de Spanjaarden tegen elkaar tekeergaan: ongerust, onzeker. Het klopt dat Silva na hun 1-0 een grote kans kreeg op 2-0, die Cillessen voorkwam. Maar net als in die finale van 2010 was Spanje niet per se zoveel beter. De 1-1 was fantastisch en viel precies op het juiste ogenblik, met wat geluk. Ik bedoel, die pass van Blind was geniaal en de kopbal van Robin ook, een wereldgoal, maar het had ook net mis kunnen gaan.

In de rust, op weg naar de kleedkamer, hoorde ik de spelers van Barcelona en Real Madrid tegen elkaar uitvaren. En wij waren erdoorheen, die eerste helft lag achter ons. Het was rustig in de kleedkamer. Louis voorspelde dat het goed zou gaan als we vasthielden aan onze tactiek en de bal razendsnel naar Van Persie en Robben zouden spelen. Die tweede helft was magistraal. Misschien wat fortuinlijk hier en daar. Alles waarop we trainden kwam eruit.

Duelkracht, omschakeling, afronding. Veltman kwam erin voor De Vrij; Wijnaldum voor De Guzman; Lens voor Van Persie. En we bleven diepte zoeken achter de Spaanse defensie. Het had 7-1 kunnen worden, 8-1 misschien wel. En ja, die vijfde goal, dat was zo'n mooi trainingsdoelpunt. Ik kreeg de bal, maakte oogcontact met Arjen, die onderweg was, de bal van mij meekreeg en 'm hem razendknap afmaakte.

Ik drukte niet mijn stempel op de wedstrijd. Dat was wennen voor me. Ik speelde in dienst van – zoals me werd gevraagd. Ik was een kilometervreter en maakte de meeste meters van allemaal. Ik was fit. Die wedstrijd tegen Spanje was mijn honderdste interland en na afloop ging ik met Koning Willem-Alexander en Koningin Máxima op de foto. Moest ik van de perschef eerst nog een schoon shirt aan doen...

De stemming was euforisch. Bij Louis was dat vooral tijdens de wedstrijd het geval, vanaf de zijlijn. Meteen na afloop zei hij: 'Drie mooie punten, maar dat was bij 2-1 ook zo geweest. Nu zijn wij van kansloos ineens favoriet, alles is van negatief ineens positief. WIJ BLIJVEN ONSZELF!' En hij zei: 'Voor jullie is alles mogelijk, maar wel moeilijk. Dat is realistisch.'

Australië maakte ons al snel duidelijk hoe moeilijk. Wat een klotetegenstander is dat. Altijd geweest voor ons. Fysiek sterk, nergens bang voor. Zo keken ze ons ook aan in de catacomben. Kom maar op, grijnsden ze, met die 5-1 van jullie tegen Spanje.

Wij speelden in dezelfde opstelling als tegen Spanje, maar kregen minder de gelegenheid om de diepte te zoeken. Robben maakte wel de 1-0, op de manier zoals wij het toernooi wilden spelen: vanuit de omschakeling. Maar Tim Cahill schoot de gelijkmaker binnen. Godsamme, wat een mooi schot. Zo had hij ze nog nooit gemaakt en zo zou hij ze ook nooit meer maken. Die gelijke stand maakte ons nerveus, gejaagd. Kort na rust schakelden we over naar 4-3-3. Bruno Martins Indi eruit, Memphis Depay erin. Voorin Robben, Van Persie en Depay. Memphis stond ook op springen. Hij keek op tegen de gevestigde namen, maar wilde zich daar wel mee meten. Lekker ongedurig.

Robin maakte 2-2, nadat Jedinak enkele minuten eerder hun 2-1 maakte. Dat wij meteen daarna toesloegen, was typerend. Natuurlijk komt er in zo'n groot toernooi ook wat geluk bij kijken, maar het was ook kwaliteit. Depay maakte de 3-2. Lens kwam er nog in, voor Van Persie, en Wijnaldum voor De Guzman.

Na die 5-1 tegen Spanje hoorden we nu vanuit Nederland bijna teleurgestelde reacties. Zo snel gaat dat. Maar we hadden wel zes punten uit twee wedstrijden. Als je dat vooraf had beweerd, had iedereen je voor gek verklaard. Volgens mij was Louis na deze wedstrijd blijer dan na die 5-1 tegen Spanje, omdat we met een veel meer ontspannen gevoel die laatste poulewedstrijd tegen Chili in konden gaan. Louis was de dagen voor Chili wel bij alles op zijn hoede. We moesten scherp blijven en hij bleef herhalen dat we geen ijsjes mochten eten. John Metgod, scout, werd op een gegeven moment ziek. Door dat koude ijs op straat, zei Louis. 'EET GEEN IJS!' Later bleek dat Metgod een griepje had opgelopen en helemaal geen ijs had gegeten.

Chili was volgens Van Gaal, voorafgaand aan het toernooi, *the dark horse*. 'DAT IS DE GEVAARLIJKSTE!' Een goed elftal. Stug, hard en soms geniaal. Maar Chili miste Vidal. Wij moesten het doen zonder De Guzman, Martins Indi en zonder Van Persie. Die was na twee gele kaarten geschorst. Wijnaldum kwam erbij op het middenveld en Lens speelde voorin. En Dirkie deed mee natuurlijk. Dirkie Kuyt. Die moest de hele linkerkant bespelen; verdedigend als back, maar ook aanvallend. Deed-ie geweldig. Hij liep dwars door een deur heen, Alexis Sánchez en Eduardo Vargas kwamen er niet aan te pas. Een triomf voor Dirk, maar ook voor Louis. Het werk in Portugal kwam eruit, met Dirk in een totaal nieuwe rol.

Ik speelde tegen die kleine bonkige schopper, Gary Medel. Een mannetjesputter, die mij aankon. Bij 0-0, na 75 minuten, ging ik eruit voor Leroy Fer. En hij maakte de 1-0, twee minuten nadat hij was ingevallen. Hij moest ook voor de goal opduiken, met zijn kop. Daar trainden we veel op. Dat was ons plan voor het laatste kwartiertje. En verdomd, hij scoorde nog met z'n kop ook, in het *echie*. Depay was erin gekomen voor Lens en maakte even later de 2-0, na een geweldige actie van Robben.

Negen uit drie.

Na afloop zeiden we: 'Je hebt een gouwe pik, trainer.' Dat vond Louis zelf ook.

Toen kwam Mexico. Dat vind ik altijd een leukere tegenstander dan Australië. Mexicanen spelen met temperament, zijn snel, technisch goed en ze geloven altijd in zichzelf. We speelden in het snikhete Fortaleza, Brazilië. Sommige jongens kenden we persoonlijk. Salcido, Guardado en natuurlijk Márquez, de centrale verdediger, het icoon van Mexico. Wij speelden met Paul Verhaegh als rechtsback, Dirk weer op links, zijn 100ste interland, en met Wijnaldum op het middenveld. We waren vooraf een tikkie bang voor de Portugese scheidsrechter, Proença. Louis was bang voor die 35 graden en voor het tempo van de Mexicanen.

Wij hielden vast aan 1-5-3-2 en waren beter, maar niet echt gevaarlijker. Nigel viel al na tien minuten uit, Bruno kwam erin en Dirk schoof iets naar voren. Het voelde als een gevecht. 'Geduld,' zei Louis in de rust bij 0-0, 'geduld.' Prompt scoorde Mexico vlak na rust. Een schot van net buiten de zestien, van Dos Santos. Ik vond dat Jasper die bal had moeten stoppen. En zo werd het vreselijk spannend. Van veel wedstrijden weet ik niets meer, van sommige iets en van een paar alles. Van deze weet ik nog alles. Die verhitte opwinding.

Depay kwam erin voor Verhaegh en we gingen 4-3-3 spelen. Een kwartier voor tijd kwam Klaas-Jan Huntelaar voor Van Persie. Klaas-Jan was net als Dirk, zo professioneel. Hij trainde als een beest, loerend op dat ene kansje. En hij klaagde nergens over. Huntelaar kende zijn rol. Net als ik. En ik wilde toch per se een moment, mijn moment, het moment. Dat moment kwam in de 88ste minuut, na een corner. Ik kreeg de bal via Klaas-Jan voor mijn voet. Mijn rechter. Ik stond waar ik moest staan. Tegen Brazilië, vier jaar eerder, toen ik koppend scoorde, had ik in het strafschopgebied eigenlijk niks te zoeken. Dat was intuïtief. Dit was mijn opdracht en ik haalde keihard uit, 1-1! Een gelukzalig moment. Bij het teruglopen naar de middenlijn zeiden we tegen elkaar dat we nog zouden gaan winnen, echt waar!

In de 94ste minuut gaf Proença die strafschop aan Robben. Arjen ging daar bij de achterlijn wat theatraal naar de grond, maar hij werd wel geraakt. Als de VAR toen had bestaan, was het ook een penalty geweest. Zeker weten.

Proença werd bijna vermoord en Robben kan nooit meer in Mexico met vakantie.

Klaas-Jan pakte de bal, zo zeker van zijn zaak. 'Ga jij nou maar alvast naar de middenlijn,' zei hij nog tegen me. 'Ik schiet hem er *effe* in...' Mijn god, wat een stalen zenuwen. En hij schoot hem erin. Wat een bevrijding! De Mexicanen draaiden volledig door. Ik heb die gasten niet durven zeggen dat die 2-1 uiteindelijk wel verdiend was...

Costa Rica, in de kwartfinale, hadden we gewoon een pak slaag moeten geven. Die hebben maar één kans gehad, op het einde, Bryan Ruiz. Wij hadden wel tien kansen. Ik schoot nog een keer op de paal. En in de verlenging raakten we de lat.

Wij speelden 4-3-3. Voorhoede: Robben, Van Persie, Depay. Het wilde maar niet lukken en hun keeper was fantastisch, Navas. Lens kwam, Huntelaar kwam. Geen doelpunt. Opeens zag ik, diep in de verlenging, Tim Krul naast de dug-out warmdraaien. Ik wist niks van een mogelijke wissel en dacht dat het met Jasper was afgesproken. Maar dat bleek niet zo te zijn. Iedereen stond perplex. *Wat gaat-ie nou doen?* Nou, Krul de heldenrol geven. Ik zie nog hoe die coach van Costa Rica Van Gaal uitlachte. Ik wist ook niet dat Krul een penalty-killer was, maar hij pakte er twee. En zo bereikten wij de laatste vier. Met mazzel, werd er gezegd. Maar onterecht? Nee, niks daarvan.

Duitsland speelde in de finale liever tegen Argentinië dan tegen ons. Dat wist ik van Podolski, met wie ik contact had in de dagen voor onze halve finale tegen Argentinië. 'Niet tegen jullie, alsjeblieft. Jullie zijn te snel.' Duitsland bereikte wel de finale, wij niet. Wat een zaadpot was het tegen de Argentijnen. Wij speelden 5-3-2, sorry, 1-5-3-2, met

Kuyt weer achterin. Nigel de Jong werd in de tweede helft vervangen door Jordy Clasie, Martins Indi door Janmaat en Huntelaar kwam nog voor Van Persie.

De laatste minuten van de verlenging gingen wij tegen elkaar tekeer, omdat Argentinië kapot was, erdoorheen zat. *Nog effe, we pakken ze!* Robben kreeg nog een kans, maar het bleef 0-0. We hadden al drie keer gewisseld, dus Louis kon Krul niet inzetten voor de strafschoppen. Er gingen later allemaal verhalen rond over die penaltyreeks. Dat het chaos was. Wie er eentje moest nemen en wanneer. Ik heb daar niets van meegekregen. Ik wachtte op mijn beurt.

Ik ben geen penaltyspecialist. Ik neem liever een vrije trap vanaf zestien meter met een muur voor mijn neus dan een penalty. Maar ik loop er niet voor weg, en dat wilde ik toen zeker ook niet. Ik moest als derde, na Ron 'Beton' Vlaar en Robben. Vlaar miste. Messi scoorde, Robben ook. Na de 1-2 van Garay was ik aan de beurt. Ik kies altijd een hoek. En blijf daarbij. Als ik bij mijn aanloop had opgekeken, had ik gezien dat Romero al vroeg naar mijn hoek dook, maar dat deed ik niet en hij stopte mijn schotje. Agüero maakte 1-3, Dirk 2-3 en Maxi Rodríguez besliste de zaak. Jasper stopte er niet één...

Einde, verdomme.

Alleen Brazilië nog, voor de derde plaats. Van Gaal was heel rustig en sprak in die dagen voorafgaand aan dat duel over voldoening. Over prestige. 'Staat later toch beter, brons.' Hij liet ons de keuze om te spelen. 'Wie moe is, speelt niet.' De Brazilianen waren nog doodziek van die 7-1-nederlaag tegen Duitsland. Ze hadden toch wel aardige spelers, zoals Oscar, Thiago Silva, Maicon, Willian en Jô.

Bij ons kon Nigel de Jong niet meedoen. Depay, Lens en Janmaat zaten op de bank. Ik wilde graag spelen. Aan het einde van de warming-up schoot ik nog een keer op het doel. Zoals ik altijd doe. Maar nu, pats, hamstringblessure.

In de kleedkamer kwam Van Gaal bij me staan. Ik lag op de massagetafel en was er helemaal klaar mee. Hopeloos. Louis was erg rustig. 'Kan gebeuren, Wesley, laat het maar los. Je hebt een fantastisch toernooi gespeeld.' Ik antwoordde: 'Nee, ik was lang niet de beste, maar voel wel voldoening.' Waarop Van Gaal zei dat-ie trots op me was. En toen liep hij weg. 'Nu effe die derde plaats pakken,' zei hij nog. En dat lukte.

* * *

Een onvergetelijk beeld. Het diner na afloop van de 0-3-winst op Brazilië, in de hoofdstad Brasilia. Veertig Nederlanders bij elkaar, in een verder leeg hotel. Lang van huis, nog steeds ver van huis, bijna op weg naar huis. Kansloos geacht bij vertrek, nu derde van de wereld. Naast Van Gaal een mand met medailles. Hij richt zich tot het team en herhaalt wat hij al eerder vond. 'Dit is voetbaltechnisch niet het beste team waarmee ik ooit heb mogen werken. Maar qua mentaliteit absoluut wel.' En hij houdt bijna veertig kleine speeches.

Fener Ağlama

Mijn kennismaking met Istanboel was fenomenaal. Ik had me voorbereid op enige chaos, maar dit sloeg alles. Ik geloof dat ze het vliegverkeer een tijdje hebben stilgelegd omdat er mensen op de landingsbaan liepen en daardoor ons privévliegtuig niet kon landen. In de hal en buiten de luchthaven stonden 20.000 mensen. Ze sprongen op het dak van mijn auto en ik heb duizenden mensen geknuffeld.

Uiteindelijk heb ik viereneenhalf seizoen bij Galatasaray gespeeld. Terwijl iedereen dacht dat ik snel weer zou terugkeren naar Nederland. Dat mijn carrière na die overstap van Inter naar *Gala* voorbij zou zijn.

Een topleven hadden we in Turkije. Met onvoorstelbaar veel warmte om ons heen, van alle Turken die dagelijks op ons pad kwamen. Wij leefden ons mooie bestaan en zij waren nooit jaloers, deden alles voor ons, omdat ik toevallig kan voetballen.

De ontelbare Turken die wij hebben leren kennen, waren vredelievende mensen. Hardwerkende mensen. Oprechte mensen. En daar heb ik wat mee, ik heb niks met politiek.

Dus toen ik na de aanslag bij het stadion van Beşiktaş werd gevraagd mee te doen aan een benefietwedstrijd in datzelfde stadion, kon ik dat niet weigeren. Vond ik toen, vind ik nog steeds.

Die aanslag in Club Reina was een bloedbad, met 39 doden en 69 gewonden. Vreselijk. Yo en ik kwamen regelmatig in die club en de eigenaar had ons uitgenodigd om daar oud en nieuw te vieren. Maar die oudejaarsavond waren we in Milaan; begin januari stond in Turkije een bekerprogramma op de kalender, maar dat was op een eerder moment al geschrapt en daarom konden wij weg, anders hadden we de jaarwisseling misschien wél in Reina doorgebracht. We hoorden het nieuws toen we op het punt stonden de stad in te gaan.

Voor die benefietwedstrijd vaardigde elke club twee spelers af. Ik was aanwezig namens *Gala*, omdat ik volgens de organisatie een publiekstrekker was. Ik heb toen ook gezegd dat ik me als buitenlander een Turk voelde. Ja, ik ben sentimenteel, maar ik voelde me ook één met die mensen op de tribune, met de mensen in de stad. Zij hadden ook niet om die aanslagen gevraagd. Zij voelden verdriet en dat voelde ik ook. Daarom moest ik iets terugdoen. Turkije is goed voor ons geweest, Galatasaray ook. En nu werden de inwoners van de stad ineens opgejaagd. Blijft Wesley Sneijder dan lekker in zijn luxe torentje zitten? Dacht het niet! En ik heb daar geen spijt van.

Ik werd bestempeld als misdadiger omdat ik Erdogan

toen een hand gaf. Dat gebeurde gewoon. De president van het land kwam naast me staan en we schudden elkaar de hand. Ik wilde alleen maar mijn solidariteit met de mensen tonen. Dat mogen mensen naïef vinden, maar dat interesseert mij geen moer. Mocht ik hem nu tegenkomen, dan schud ik hem weer de hand. Die politieke rel tussen Turkije en Nederland was trouwens pas later.

Bijna een jaar eerder, in maart, hadden wij het drama rond onze aanvaller Umut Bulut meegemaakt. We zaten met een grote groep spelers in de fysioruimte. De televisie stond aan en we zagen beelden van een bomaanslag in Ankara. Kemal Bulut, Umuts vader, bleek een van de dodelijke slachtoffers. Umut werd helemaal gek. En ik werd ook gek. Bij de club ben je dagelijks samen. Je bent op reis samen, je praat samen en je leert elkaars familie kennen. Ik was ook geen passant. Wanneer er dan zoiets gebeurt, iets waarmee je totaal onbekend bent, dan raakt je dat enorm. En dan wil je steun geven. Dat heeft niets met politiek te maken. We zijn met de hele selectie bij de uitvaart van zijn pa geweest.

Voetballend kon ik het in het begin niet waarmaken. Ik had te lang niet gespeeld bij Inter en was niet wedstrijdfit, maar de mensen wilden mij zien en ik wilde presteren, meteen. En dan ga je forceren, zodat ik kleine blessures opliep en niet altijd kon spelen. En wanneer ik wel meedeed, wilde ik steeds maar bewijzen dat ik kon voetballen.

Met toen nog nummer 14 op mijn rug. De Braziliaan Felipe Melo had net nummer 10 gekregen, in het nieuwe seizoen zou dat mijn nummer worden. Dat stond in mijn contract, maar echt goed vond ik mezelf niet. Gelukkig zorgden de mensen van *Gala* ervoor dat we ons snel thuis voelden. Eerst in het formidabele Four Seasons Hotel en later in de prachtwijk Nisantasi, aan de Europese kant van de Bosporus.

In de spelersgroep werd ik razendsnel opgenomen. De taal is moeilijk, maar ik redde me, pikte woorden op en er was altijd nog een tolk, Mert. En voetbalhumor is in de hele wereld hetzelfde. Ik houd gewoon van de kleedkamer en zorg er altijd wel voor dat ik het naar mijn zin heb.

Alleen dat verkeer... Soms deed ik een uur over twee kilometer. Later kreeg ik een chauffeur, want ik kwam niet op fatsoenlijke wijze die stad door. Een chaos was het. Wat ik zeker niet kan zeggen van de club. Het was allemaal top geregeld. En ik kreeg een salaris van 4,5 miljoen euro per seizoen. Het kwam soms te laat, maar het kwam altijd. En we haalden acht prijzen. Twee keer landskampioen, drie keer de beker, drie keer de Super Cup.

En onderweg versleten we een zootje trainers.

Fatih Terim, de Koning van Galatasaray, onaantastbaar. Een familieman ook. 'Heb je problemen thuis, vertel het me,' zei hij. 'Ik geef je vrij. Ik heb alleen maar wat aan gelukkige spelers.' Hij vertrok naar de Turkse bond.

Toen kwam Roberto Mancini. Hij functioneerde prima, maar bleef vragen om versterkingen. Dat zijn ze daar snel zat.

Daarna Cesare Prandelli, die in Turkije Italiaans voetbal wilde spelen. Dat liep helemaal niet. Hij maakte ook de fout door een Italiaanse assistent en een Italiaanse looptrainer mee te nemen. Bij *Gala* moet je een Turkse assistent nemen, die weet hoe en via wie alles loopt.

De volgende, eind 2014, was Hamza Hamzaoğlu, de eerste die zowel als speler en als trainer kampioen van Turkije is geworden. Het jaar ervoor was hij in Turkije trainer van het jaar geworden. Onder hem draaide het om.

Een jaar later was Mustafa Denizli onze trainer, een vaderfiguur. Hij hield van ons allemaal, iets te veel, vond ik. Hij wilde graag dat we de deuren van onze kamers openlieten, op een kier, voor het onderlinge contact. En hij kwam dan een praatje maken. Elke avond... De eerste keer om half twaalf, ik lag al in mijn bed. 'Slaap je al,' vroeg hij dan. 'Jazeker.' Maar dan bleef hij alsnog een halfuur lullen. De tweede keer was het kwart over twaalf. 'Nog even lekker over voetbal kletsen.' Daarna heb ik de deur op slot gedaan. Belde hij op mijn kamernummer! En toen ik daar de stekker uit had getrokken, belde hij me op m'n mobiel.

Mijn laatste twee trainers bij *Gala* waren Jan Olde Riekerink, die van jeugd- hoofdtrainer werd, en Igor Tudor, die mij weg wilde hebben...

Tussen alle ontslagen door nam Cláudio Taffarel het

steeds even over. Hij was bij Galatasaray eerst keeper geweest en daarna keeperstrainer. Het was heerlijk wanneer die Braziliaan met ons aan de slag ging. Een feest. Relaxed.

De beleving in Turkije is enorm. Aan Europees voetbal meedoen is natuurlijk belangrijk voor de Turkse topclubs, maar de competitie is belangrijker. En wat echt telt, is Beşiktaş en Fenerbahçe voorblijven.

Galatasaray paste bij me. Ik was er gelukkig, wij waren gelukkig. Ook samen met al die andere buitenlanders. In het begin onder andere Felipe Melo, de Spanjaard Albert Riera, de Tsjech Tomáš Ujfaluši, en de Duitser Podolski.

Ik was dan misschien niet heel goed begonnen, ik werd wel snel populair bij de fans in het stadion. Dat merk je. Heel concreet: de harde kern scandeert voor de aftrap je naam en dan moet je heel snel naar hun vak – waar je op dat moment dan ook op het veld staat. Eerst riepen ze mijn naam als vijf of zesde. Sabri Sarıoğlu, met zo'n 400 wedstrijden in Galatasaray, was altijd de eerste. Maar later scandeerden ze mijn naam als eerste.

Vanaf de zomer van 2013 werd ik sterker. Toen kwam ik ook weer bij Louis in beeld voor het Nederlands elftal. Op een middag belde teammanager Hans Jorritsma mij. Voor de wedstrijd tegen Estland was Wijnaldum geblesseerd geraakt. Louis wilde mij er weer bij hebben. 'Kun je morgen in Huis ter Duin zijn? Dan kun je in de loop van de dag aansluiten en in de middag trainen.'

Yolanthe was het daar niet mee eens. Zij vond dat ik metéén moest gaan. Met een privévliegtuig, zodat ik diezelfde avond nog in Noordwijk zou zijn. 'Dan zien ze hoe gretig je bent. En dan kun jij morgen de hele trainingsdag meemaken.'

En zo kwam ik om halftwee in de nacht aan in het hotel. Jorritsma, Patrick Kluivert en Van Gaal zaten in de lobby te wachten. Ik heb ze gedag gezegd en ben direct naar de lift gelopen. Kwam Kluivert nog achter me aan. 'Effe bijpraten, Wes.'

'Nou, laat maar,' zei ik. 'Ik heb de afgelopen maanden ook niks van je gehoord.'

Pal voor de wedstrijd raakte Rafael van der Vaart geblesseerd en stond ik opeens weer in de basis. Het werd 2-2, door een penalty van Robin van Persie, in de laatste minuut...

In Turkije reisden we ons suf, naar de meest exotische plekken. En overal *Cim Bom Bom*-fans, *Gala*-fans dus. Die domineren overal, waar de club ook speelt. Bloedfanatiek, maar ook heel lief. Ze zeggen weleens dat een echte fan sterft voor zijn club. In Turkije geloof ik dat.

Als spelers werden we geleefd, maar het was nooit vervelend. Al ben ik natuurlijk wel een mannetje dat met druk kan omgaan. Ik had mijn loopbaan graag bij Galatasaray afgesloten.

Jan Olde Riekerink leidde misschien wel mijn einde bij de club in. Hij was hoofd Opleiding bij de club, deed het goed en werd interim-hoofdcoach na het ontslag van Denizli. Dat deed hij ook lekker en toen werd hij de baas. Met Jan als trainer pakten we de beker, door met 1-0 te winnen van Fenerbahçe. Doelpunt Podolski. Ik viel uit in de rust, net als Van Persie bij *Fener*. Als Galatasaray van Fenerbahçe wint, is de vreugde niet te bevatten. In een andere wedstrijd tegen *Fener* scoorde ik eens tweemaal met een afstandsschot, het lawaai was echt oorverdovend.

Ook na het winnen van die beker, ten koste van *Fener*, was het groot feest, maar ondertussen heerste er onrust binnen de club. Financiële problemen. De verliezen bedroegen meer dan 130 miljoen en de UEFA sloot ons uit van Europees voetbal.

Sportief gezien redde de beker ons seizoen. Onze derde beker op rij.

Een jaar eerder (in 2015) hadden we zelfs de dubbel gepakt. Wat een seizoen was dat. Die landstitel was voor Galatasaray de twintigste, wat de vierde ster betekende. Zo fantastisch voor de fans. En dan ook nog die Cup. Toen we daarmee op het podium stonden, voor tienduizenden mensen, vroeg Burak Yilmaz, onze spits, mij de meute toe te zingen. 'Wat dan?' vroeg ik. '*Fener Ağlama*,' riep hij in mijn oor.

En dus zong ik Fener Ağlama.

Fener huil niet, Fener huil niet.

En tienduizenden fans zongen mee. Legendarisch.

In mijn laatste seizoen, 2016/2017, liep het niet. Vanwege alle geldzorgen probeerde de club in de zomer voor het seizoen al van me af te komen.

Op mijn vakantieadres kreeg ik een e-mail waarin de club aangaf dat ik een boete kreeg van 2,1 miljoen euro. Vanwege zeven gele kaarten gedurende het seizoen. Ik begon keihard te lachen. Maar het was serieus. Ik had met die kaarten de club in diskrediet gebracht. Andere spelers kregen ook een boete. Guido Albers, mijn zaakwaarnemer, en advocaat Cor Hellingman antwoordden direct dat het onacceptabel was.

De club werd gedreven door financiële wanhoop. Ik was duur, maar ik wilde blijven. *Gala* was echt mijn club geworden. Die boete is ingetrokken. Maar de tweespalt was en bleef. Ik was volgens de club ook te *close* met Jan Olde Riekerink. En ik bepaalde te veel, ook de opstelling. Ik heb de clubleiding gezegd dat ik helemaal niets bepaalde of wilde bepalen. Ik wilde alleen maar voetballen.

Het viel allemaal niet tegen te houden. Olde Riekerink moest eruit, dat was het makkelijkste. En de Kroaat Igor Tudor, oud-verdediger van Juventus, kwam als nieuwe trainer. Die riep eerst Podolski bij zich. 'Jij moet linksbuiten gaan spelen.' En daarna: 'Weet wel dat ik bepaal en niet jij!' Podolski was zich van geen kwaad bewust. En toen was ik aan de beurt. 'Jij bepaalt niks, Wesley, ik bepaal hier alles.'

'Ga je gang trainer, ik vind het prima.' Tudor wilde dat ik een box-to-box-speler zou zijn. Ik zei hem dat ik dat nog nooit was geweest. Dat ik een nummer 10 ben. Passes geven en scoren, dat kan ik, box-to-box niet. Ik moest vooral niet denken 'dat ik groter was dan de club' – wat ik echt nog nooit heb gedacht. Maar ze moesten me niet meer, dat was duidelijk, ik werd op de bank gehouden. En Younès Belhanda werd mijn shirt met nummer 10 toegezegd.

Op mijn Instagram, met ruim 2 miljoen volgers, plaatste ik dat ik geen deel meer zou uitmaken van de selectie. Dat ik geen onderdeel meer zou uitmaken van *mijn club*. Dat het een financiële kwestie was. De supporters kwamen massaal naar de club om mij te steunen, maar ik wist dat het geen zin meer had. Ik wilde blijven, de club wilde mij weg. De toenmalig directeur zei dat ik van hem zou gaan verliezen en hij de fans aan zijn kant zou hebben. Ik wilde nog wel eens zien of hij de supporters mee zou krijgen. Ik verloor, maar hij niet veel later ook.

Maar ik kijk terug op prachtige jaren. Mijn mooiste herinnering is misschien wel de Champions League-wedstrijd thuis tegen Juventus, in december 2013, de beslissende wedstrijd in de poule. In de sneeuw! Die wedstrijd werd na 32 minuten gestaakt, bij 0-0. Wij hadden aan een gelijkspel genoeg. Het was in Turijn 2-2 geworden. Maar na iets meer dan een halfuur viel op en om het veld niks meer te zien.

De UEFA besloot dat we de wedstrijd de volgende middag

om 14:00 uur moesten uitspelen. Wij kregen snel een hotel voor de hele selectie. Juventus was nog uren bezig om ook een hotel te vinden, omdat zij al uit het eigen hotel waren uitgecheckt. De volgende dag zat het stadion toch weer bijna vol. Het veld was onbespeelbaar en we knokten ons door de blubber. We knokten meer en beter dan *Juve*, dat hoopte op een stiekeme counter en 0-1. Pal voor tijd kreeg ik de bal voor mijn voeten en scoorde ik. Met een hamstringblessure nog wel... Haha! Zo fantastisch. Ik voel nog dat grote lichaam van de juichende Drogba boven op me vallen. Ik hoor nog de explosie vanaf de tribunes.

* * *

Bij de poort van de zwaarbewaakte trainingsaccommodatie van Galatasaray, ergens in die waanzinnige metropool Istanboel, stond Wesley Sneijder – met naast hem een trotse portier – te wachten. Op de televisieploeg, op mij.
We gingen hem een dagje volgen voor FOX. Hij zou ons rondleiden. En Wesley Sneijder deed wat we van Wesley Sneijder verwachtten. Hij was vrolijk, geduldig, gastvrij en hij stelde ons aan iedereen voor. De kok, de tweede kok, de mevrouw van het poetswerk, de materiaalman, de videoman, de trainers. Hij bewoog zich vrij door alle gebouwen en kamers. Telkens een verhaal bij de hand. En ik merkte op dat hij altijd maar zo opgetogen is en zo olijk praat. Er moet toch een andere Sneijder zijn? Een vermoeide? Een sikkeneurige? Eens

zal ook Wesley Sneijder toch zijn rust willen en niet Wesley Sneijder willen zijn? Gewoon anoniem? ‘Maar ik ben al zo lang Wesley Sneijder,’ antwoordde hij. ‘Ik kan niemand anders spelen...’ En daarna, schaterlachend: ‘Wesley Sneijder heeft me veel gegeven.’

El Pasillo

Televisiekijken met Wesley, drie vrienden en ik. De bedoeling is dat Wesley commentaar geeft bij zijn, bij onze, favoriete wedstrijden. Bij topduels uit zijn tijd in Spanje, Italië en Turkije. Maar Wesley zwijgt voornamelijk. Hij straalt, kondigt soms aan wat in een wedstrijd gaat gebeuren, staat op om te juichen, is emotioneel. Wesley terug in de tijd, zijn tijd.

25 augustus 2007: Real Madrid - Atlético Madrid 2-1

El Derbi Madrileño. Mijn eerste. Mijn eerste competitiewedstrijd ook, in Bernabéu, kort na de wedstrijd om de Spaanse Super Cup: Real-Sevilla 3-5, met een fantastisch doelpunt van Royston Drenthe. Een afstandsknal, 1-1, van misschien wel 35 meter. In die Super Cup legde ik nog een vrije trap op het hoofd van Cannavaro. Doelpunt, maar wel verloren. *Ploeggie*, hoor, dat Sevilla. Met Renato en Kanouté.

Dat verlies voerde de druk lekker op voor die seizoensopening tegen Atlético. Al had ik daar niet zoveel last van. Nooit gehad. Kijk maar, hier, naar mijn koppie. Jong en niet bang, haha. Maar Ramos, Casillas en Raúl waren echt nerveus. Zij bleven in de voorafgaande trainingen ook maar zeggen dat die eerste wedstrijd ons seizoen zou bepalen.

De media waren nieuwsgierig naar mij. Naar het redelijk onbekende knulletje uit Nederland, dat ze een beetje hadden leren kennen via Ajax en het Nederlands elftal. Dat Real had gekocht voor 27 miljoen...

Dus ik moet het in die eerste competitiewedstrijd laten zien, maar dat lukt niet zo goed. Bij niemand van ons. Agüero maakt 0-1. Die staat voorin met Diego Forlán. Een lekker stel samen, topspelers. Raúl scoort toch met z'n kop de gelijkmaker. Wat springt die gozer hoog!

Even doorspoelen naar het einde nu. Ongeveer vijf minuten voor tijd. Vrije trap voor ons, helemaal aan de rechterkant van het veld. Guti gaat hem nemen. Ik sta hier links, onder in beeld, te wachten tot hij gaat schieten, of de bal in het strafschopgebied plaatst... Maar hij speelt 'm opeens helemaal breed naar mij! Je ziet me schrikken, ik raak hem eigenlijk ook niet goed. De bal gaat richting de rechterhoek, maar wordt aangeraakt en gaat naar links: 2-1, in de 88ste minuut. Een grabbelgoal, maar dat doet er niet toe.

Pas toen voelde ik en merkte ik wat die overwinning betekende voor Bernabéu. Het stadion ontplofte. Complete waanzin. Het betekende ook voor mij erg veel, merkte ik meteen na afloop, bij de media. Ik was op slag geaccepteerd.

Een week later Villareal uit, in El Madrigal. Start de beelden! Hoppa, een vrije trap en een veldgoal van Sneijder. *Impresionante*, zegt de commentator. *Indrukwekkend.*

Hoe ik de bal ook raakte die weken, hij vloog erin. Nog een assist ook, 0-5! En in de derde competitiewedstrijd, thuis tegen Almería, scoorde ik wéér. Vier goals in drie wedstrijden. Ze vroegen zich af wie ze in godsnaam in huis hadden gehaald. We werden kampioen dat jaar. Raúl maakte 18 goals, Ruud van Nistelrooij 16 en Guti schreef 17 assists op zijn naam.

20 januari 2008: Atlético Madrid - Real Madrid 0-2
Vicente Calderón is zo anders dan Bernabéu. Bernabéu is een theater, Vicente Calderón een arena. Ik merkte het onderweg al in de bus. Rellen, gevechten, vijandige sfeer in de straten rondom het stadion.

Laten we deze wedstrijd vanaf het begin kijken. Atlético gaat in de eerste minuut al de fout in. Robinho laat Raúl scoren, volgens mij tot dan toe een van de snelste goals in La Liga. En Ruud van Nistelrooij maakte vlot de 0-2, uit een corner van mij. *Pats*, met links op de pantoffel.

Ik ben nog betrokken bij een incident, bij een volgende corner. Ik wil een aanloop nemen en kom niet zo goed uit met mijn voeten. Een bos bloemen ligt in de weg. Geen idee waarom die daar ligt, misschien voor de wedstrijd op het veld gegooid, voor of door een speler. Ik pak die bloemen op en leg ze een stuk verderop. Word ik me toch uitgescholden en uitgejouwd en uitgefloten! Blijkt dat er bij elke thuiswedstrijd een bos bloemen wordt neergelegd, op die plek, voor een overleden supporter van Atlético. Weet ik veel...

De Spaanse spelers weten van die bloemen en respecteren dat, maar mij was niets verteld. Dus ik was de lul. Bij dezen alsnog mijn excuses.

We waren te sterk, dat seizoen, in de competitie. Een paar wedstrijden voor het einde al konden we kampioen worden. In Pamplona, bij Osasuna. Drie dagen later kregen we Barça in Bernabéu op bezoek, en als we dan al kampioen waren, moest Barça ons eren met *El Pasillo*. 'De Gang', de erehaag. Dat is gebruikelijk in Spanje, zo eert een tegenstander de kampioen. Wij hadden het er al weken over hoe geweldig het zou zijn als Barcelona bij ons die erehaag moest vormen. We moesten alleen eerst 'nog effe' Osasuna verslaan en de titel pakken.

Dat ging bijna mis. Tien minuten voor tijd komt Osasuna 1-0 vóór te staan, uit een penalty. Bernd Schuster, onze trainer, haalt meteen drie spelers uit het veld, onder wie ik. Om ons te sparen voor die wedstrijd tegen Barça... Maar, let op: Robben scoort met z'n kop, drie minuten voor tijd, 1-1. En in de extra tijd schiet Higuaín de 1-2 binnen, en daarmee het kampioenschap. Onvoorstelbaar.

7 mei 2008: Real Madrid - Barcelona 4-1

Van deze beelden kan ik maar geen genoeg krijgen. Misschien wel een van de beste wedstrijden ooit, van Real. Echt een Klassieker. Dat begon met *El Pasillo*.

Eto'o en Deco hadden een paar dagen eerder bewust een

gele kaart gepakt, zodat ze die vernedering niet zouden meemaken. Maar ze hadden nog een aardig elftal over. Met Bojan, Messi en Henry voorin. En moet je onze dug-out zien. Met Dudek, Drenthe, Baptista, Higuaín en Robinho, en met Ruud, die een tikkie geblesseerd was en in de slotfase zou invallen.

De spelers van Barça vormen dus die erehaag. Moet je die kop van Márquez zien. En Puyol is ook niet echt vrolijk. Frank Rijkaard en Neeskens waren heel correct. Henry ook.

Die wedstrijd speelden wij Barça dronken, terwijl we zelf nog dronken waren. Raúl en Robben scoorden. Daarna de ingevallen Higuaín en Van Nistelrooij. Toen mocht Henry er nog eentje in prikken, na een 'assistje' van Messi. Mooie tekst van die Sky-verslaggever: '*Barca is the witness of his ex-girlfriend's wedding.*'

In Camp Nou hadden we ook al gewonnen, met 0-1; op zondag 23 december, in het stadion dat ik zo bewonderde. Een voetbaltempel, voor iedereen. Ik weet nog hoe Puyol de hele wedstrijd over alles liep te zeiken. Baptista maakte de 0-1, met een volley. De club beloonde ons, na afloop. Ruud en ik mochten direct vanaf Barcelona naar Amsterdam vliegen. Ik had mijn broertje Rodney bij me en onze vriend Jalal Diba. We stapten dolgelukkig in het vliegtuig. 'Mooier wordt het leven niet,' zeiden we. We hadden *El Classico* zo vaak thuis vanaf de bank op tv gezien, en nu waren we er zelf geweest. Ik krijg er nog kippenvel van.

Barcelona werd het jaar daarop kampioen. Wij tweede,

met negen punten achterstand. Dan is het hoe dan ook een kutseizoen voor Real, al hadden we een straatlengte voorsprong op Sevilla en Atlético Madrid. Barça nam verschrikkelijk wraak op ons, begin mei. Ook in Bernabéu: 2-6. Ik deed niet mee, natuurlijk, haha. Barça was zo goed, ongenaakbaar. Dat hele grote, volle Bernabéu stond voor Barcelona op de banken. Ik zat op de tribune. Voor mij was het sprookje Real Madrid al voorbij.

18 oktober 2008: Atlético Madrid - Real Madrid 1-2
Die laat ik zien vanwege deze wissel: Rafael van der Vaart voor Wesley Sneijder, na ruim een uur. Gouden tijden, man.

Real heeft altijd voor echte voetballers gekozen. Eigenlijk hadden ze er altijd te veel. Dan moest kwaliteit her en der sneuvelen. Aan de andere kant: Rafael voor mij, dat kan nooit een slechte wissel zijn. Real was een beetje Nederlands in die tijd: deze wedstrijd alleen al, met ook Ruud van Nistelrooij in de basis, die de 0-1 scoorde. Royston Drenthe viel ook nog in. En Heitinga speelde bij Atlético Madrid. Dat zegt iets over de status van het Hollandse voetbal in die tijd. En we hadden allemaal nog van die jonge koppies. Niet van die doorleefde hoofden, ik zie er tegenwoordig toch iets anders uit...

7 maart 2009: Real Madrid - Atlético Madrid 1-1
Deze wedstrijd laat ik alleen even zien vanwege Klaas-Jan Huntelaar. Hij was geen basisspeler bij ons, maar pakte toch

zijn goaltjes mee. Hier eentje van grote klasse. John Heitinga speelde met nummer 5 bij Atlético, dat dik verdiende te winnen bij ons. Forlán, topscorer dat seizoen, maakte 0-1. Ze speelden ons naar de klote.

En dan komt opeens Huntelaar. Typisch Klaas. Aangespeeld op het randje van het strafschopgebied, op randje buitenspel. Hij loert. En dan: lichaam erin bij de tegenstander, van hem wegdraaien en hop, een schot hoog in de kruising. Geweldige goal. Zo dodelijk in het strafschopgebied, die gozer. En geen complexen – waar hij ook speelde, hoe zwaar de concurrentie ook was. Je ziet aan het juichen van Raúl en de anderen dat ze Klaas-Jan waardeerden. Iedereen herkende zijn ambitie.

29 augustus 2009: AC Milan - Inter 0-4

Derby della Madonnina. Zoals Bernabéu een vol theater is bij een wedstrijd van Real en zoals Vicente Calderón Atlético opzweept tot bijna meedogenloos voetbal, zo apart is San Siro. Dat volle stadion is echt angstaanjagend. Er zitten ruim 80.000 fans in die ouwe bak.

Ik doe mee, na welgeteld één training. Mourinho gooit me voor de leeuwen. Ik ken mijn medespelers nauwelijks en ken de sfeer alleen van de televisie, uit eerdere seizoenen. Maar tijdens de warming-up merk ik al wat er op de tribunes aan de hand is: dit is veel meer dan een verbale strijd – man, dit is zo intens. Ook vanaf onze *curva*, achter het doel.

Vanaf de aftrap gaat het zoveel harder tekeer dan ik gewend ben. Gattuso pakt me vanaf het begin aan. Hier krijgt-ie zijn eerste geel, moet je die kop zien. Een en al frustratie. Want bij rust staan we met 0-3 voor. Thiago Motta maakte de 0-1. En let op Milito. Wat was die goed. Onopgemerkt vaak, maar altijd doeltreffend. Hier ook.

In de rust zeggen onze Italianen tegen de buitenlanders: 'Nu wordt het nog harder.' Milan verloor zijn gezicht. Gattuso pakt me aan, hier. Tweede geel, inpakken en wegwezen jij! Ik denk nog steeds dat-ie hier de scheidsrechter wil aanvliegen, haha. Het werd 0-4! *Impressionante*. Verbazingwekkend, verbluffend, verbijsterend. Ik heb de volgende ochtend alle 24 pagina's over de derby in *La Gazetta della Sport* gespeld: *Sneijder incredibile*.

24 januari 2010: Inter - AC Milan 2-0

We hadden een fantastisch seizoen. Met een gemiddeld aantal toeschouwers in San Siro van 60.000. Dik over de miljoen in totaal dat seizoen, bij competitiewedstrijden alleen al. Los van het Champions League-succes.

Hier was het koud. We hebben van die verwijfde handschoentjes aan. Het was weer een clash. Beckham kreeg al in de derde minuut geel. Seedorf kwam bij Milan voor Gattuso. Natuurlijk scoorde Milito weer. En Pandev maakte na rust de 2-0. Toen speelden we dus al drie kwartier met tien man, want ik kreeg rood, na een halfuur. Klappen naar de scheidsrechter voor eindelijk een goede beslissing. Maar zelfs tegen tien man kwam Milan er niet doorheen.

14 november 2010/2 april 2011: Inter - AC Milan 0-1 / AC Milan - Inter 3-0

Twee dodelijke nederlagen. Wij kwamen dit seizoen zes punten tekort voor de titel en eindigden als tweede achter kampioen Milan. Ik weet weinig meer van die wedstrijden, zoals altijd met dieptepunten in mijn leven, die spoel ik door...

Bij ons liep het ook niet lekker onder Benítez. We konden Mourinho moeilijk vergeten. Waarom dan deze wedstrijden noemen? Omdat Seedorf zo goed was. En Van Bommel, die in Nederland weleens tekort wordt gedaan, als voetballer. Clarence was natuurlijk de grote mijnheer bij Milan, binnen en buiten het veld, maar Mark stond er ook, hoor. Hard, kijk maar. En hij durfde van afstand te schieten. Dat vinden ze in Italië mooi.

Zlatan was uiteraard nog dominanter dan Clarence, die stond alleen al door zijn houding ver boven de groep. Toen Milan een strafschop kreeg, riepen alle spelers van AC dat Zlatan hem moest nemen. Maar dat had hij zelf al besloten. We hadden die wedstrijden weinig in te brengen. Maar die duels tussen Materazzi en Ibrahimović, daar kan ik steeds opnieuw naar kijken. Dat was me een strijd, daar werd je bang van.

6 mei 2012: Inter - Milan 4-2

Was dit de meest opwindende derby? *Incredible comeback Inter*. Dat spandoek vooraf: '*noi dominiamo Milano*': wij zijn de baas, wij domineren Milaan. Gigantisch.

Juventus was oppermachtig dat seizoen. Wij eindigden als zesde. Juist dan is De Derby van extra belang, Prestige. Milan werd tweede, vier punten achter Juve. Maar Zlatan was groots, maakte er 28 voor Milan.

De samenvatting van deze wedstrijd is nog steeds een thriller. We komen op voorsprong via Milito, maar Zlatan maakt er twee. Eentje uit een strafschop, opnieuw. Die tweede is wonderschoon. Een wippertje. Met een arrogantie, onvoorstelbaar. Schijt aan de hele wereld. Een beest. Milito was ook zo sterk, maar met een andere uitstraling, haast bescheiden. Maar het is Milito die na rust de 2-2 en 3-2 maakt, allebei uit een penalty. Die tweede knalt hij zowat door het net heen. En de 4-2 van Maicon is een fantastische afstandsknal, direct na de 3-2, in de slotfase. Op dat moment ben ik net uit het veld. Cordoba kwam erin voor mij en speelde zijn laatste minuten voor de club.

Maar wil je dit moment nog even terugspoelen? Hier krijg ik de bal, toch zeker op dertig meter van het doel. En hoppa, de volley. Is die lekker dan! Haha, nog een keer, hoor dat stadion, wat een kolereherrie. Die volley had erin moeten gaan, het scheelde centimeters.

15 januari 2012: AC Milan - Inter 0-1

Kijk die Ranieri juichen! Een grote naam, maar als trainer voor mij niet echt veelbetekenend.

Ik zit op de bank, tot een kwartier voor tijd. Dan brengt

hij mij erin voor Milito, die natuurlijk de 0-1 heeft gemaakt. En 0-1 blijft het dus ook. Voor Ranieri heel belangrijk, dat zie je wel aan zijn vreugde. Weet je nog wat ik net over Van Bommel zei? Die schiet er hier eentje op de lat!

Ik speelde dat seizoen twintig competitiewedstrijden en maakte vier doelpunten. De club draaide financieel slecht en er werd steeds geschreven dat grote spelers weg moesten. Ik dus ook. De *Corriera della Sport* schreef dat ik naar AC Milan zou gaan, omdat Yolanthe en ik zo graag in de stad wilden blijven wonen.

Het was een rotseizoen, maar twee keer winnen van AC maakt veel goed voor de tifosi, geloof me. Yuto Nagatomo speelde ook, in deze derby. Die had ik nog te pakken genomen bij zijn komst naar Inter. Het was de gewoonte dat de grote baas van de club, Massimo Moratti, samen met de directeur van sponsor Pirelli voorafgaand aan de wedstrijd in de kleedkamer kwam om het team succes te wensen en een handje te schudden. Yuto kwam van Cesena, maar sprak in het begin bij ons alleen Japans en twee woorden Italiaans. Wij moesten als spelers altijd gaan staan wanneer de hoge heren binnenkwamen. Ik leerde Nagatomo twee woordjes die hij bij de begroeting moest zeggen, zodat hij 'een goede indruk' zou maken. Dus toen ze bij hem aankwamen, sprak Yuto die twee woorden heel trots uit: 'Ciao bastardo!'

Ik stikte van het lachen. Moratti had direct door dat het mijn voetbalhumor was. En Yuto heeft jarenlang voor Inter gespeeld.

Moratti heeft pas nog, ongeveer zeven jaar na mijn vertrek, in *La Gazetta dello Sport*, mooie dingen over mij gezegd. Dat ik Inter destijds had veranderd, door het spel sneller te maken en de ploeg een nieuwe dimensie te geven. Na al die jaren en al die prijzen, deden die woorden me nog het meest. Die complimenten van de grote baas. We hebben van elkaar gehouden, en hij durft ervoor uit te komen.

18 oktober 2014: Galatasaray - Fenerbahçe 2-1

Vergeet alles wat ik heb gezegd over de spanning in Vicente Calderón, over de strijd in San Siro. Stelt allemaal niks voor vergeleken bij de Bosporus-derby, Galatasaray-Fenerbahçe.

Niet te geloven wat deze wedstrijd aan emoties losmaakt. Pure waanzin. Als je wint de hemel, als je verliest de hel. Vraag het Dirk Kuyt, die speelde deze wedstrijd ook mee bij *Fener*. Een en al spanning en sensatie.

Zij verloren Bruno Alves, kort na rust. Maar wij konden niet winnen van hun tien man. Leek het. Tot de 88ste minuut. Ik krijg hier de bal, een metertje of 22, 23 van hun doelman, Volkan Demirel. Ik heb ruimte, mag de bal klaarleggen en pegel hem rechts van Demirel in het kruis. De bal raakt de paal nog lichtjes, 1-0.

Twee minuten later, in de 90ste minuut, krijg ik de bal ongeveer op de eigen helft en mag hier vrij oplopen. Je ziet me zoeken naar de juiste positie – ligt die bal lekker voor mijn rechtervoet? Niemand van Fener valt me aan. Dan haal ik maar uit. En als een raket vliegt de bal in de andere bovenhoek, links van Demirel: 2-0!

Tek kelimeyle harika, volgens de Turkse tv-commentator. *In één woord: geweldig.*

Ja, ze maken er op de valreep nog 2-1 van, via Poluk, maar wat doet het ertoe.

Ik heb zelden een stadion zo zien ontploffen en ben zelden zelf zo door het dolle heen geweest.

* * *

Bij dat laatste doelpunt staat Wesley Sneijder met zijn handen in de lucht te juichen, in de huiskamer. Hij is geen uitslover. Hij is kinderlijk blij. En de huiskamer juicht mee.

LOUIS

Begin augustus 2004 speelden we met Ajax om de Super Cup tegen FC Utrecht. Ik begon op de bank en had de pest in. Bij 1-1 viel ik in voor Wesley Sonck en ik maakte de 2-1. Na die goal maakte ik zo'n 'fuck you gebaar' richting de bank. Dom, natuurlijk. Meteen na afloop kreeg ik te horen dat me een boete te wachten stond. Uiteindelijk kregen we er na mijn doelpunt zelf nog drie om de oren, zodat we met 2-4 verloren.

De volgende ochtend vroeg Koeman of dat gebaar voor hem bedoeld was, omdat ik na de wedstrijd tegen de media anders had beweerd. Omdat ik eerlijk was mocht ik bij de selectie blijven. Zand erover. Maar hoe hoog de boete zou worden, dat hoorde ik maar niet. Een aantal weken later ging ik met het Nederlands elftal naar Zweden voor een vriendschappelijke interland. Daar begon ik ook op de bank, maar na zeven minuten gaf Zlatan Ibrahimović Rafael een doodschop en moest ik erin. Ik scoorde, het werd 2-2 en ik werd uitgeroepen tot *Man of the Match*.

Kom ik een dag later terug bij de club, moest ik me bij Van Gaal melden in zijn werkkamer. Ik had hem de winter daarvoor al een beetje leren kennen toen ik was overgeheveld van de A1 en het tweede naar de A-selectie en mee mocht naar het trainingskamp in Portugal. Louis van Gaal zat tijdens de trainingen op een stoeltje naast het veld en hij was ook aanwezig bij de evaluatiegesprekken. Nogal erg aanwezig.

'JIJ WEET ZEKER WEL WAAROM JE HIER BENT?' vroeg hij me nu in zijn werkkamer.

Ik had geen idee en verwachtte eigenlijk een compliment voor mijn invalbeurt bij Oranje. Maar nee, het ging over dat gebaar tijdens de Super Cup.

'Ik heb hier een envelop voor je,' zei Louis. 'Maak maar open, daar staat de hoogte van je boete in.'

'Leuk moment wel,' zei ik, 'ik maak hem straks wel open.'

'NEE, MAAK NU MAAR OPEN,' zei hij.

'Wordt het bedrag dan lager, als ik hem nu openmaak? Doe ik thuis wel, het heeft geen haast.' En weg was ik. Natuurlijk heb ik de envelop in de auto snel opengemaakt, zo nieuwsgierig en benauwd was ik... De boete was 10.000 euro. Dat viel mij mee, daar kon ik mee leven.

Daarna ging het wel goed tussen ons, dacht ik. Na zijn vertrek bij Ajax kwamen we elkaar een paar jaar niet tegen. Maar ik hield wel altijd in mijn achterhoofd dat Van Gaal nooit iets vergeet.

Pas vlak voor de Champions League-finale in 2010, die ik met Inter tegen Bayern München speelde, ontmoetten we elkaar weer. Even voordat de persconferentie zou beginnen.

Precies op het moment dat wij – Mourinho, Cambiasso, Zanetti, Milito en ik – naar de perszaal liepen, kwam Bayern van het veld. Van Gaal en Mourinho gaven elkaar een hand, ze kennen elkaar natuurlijk goed, uit hun tijd bij Barcelona. Ik stak ook mijn hand uit naar Louis, maar hij negeerde me gewoon.

'Dan niet,' zei ik. En daarna, nogal hatelijk: 'We spreken elkaar morgen wel. Na de finale, die wij gaan winnen!'

En na de wedstrijd, die wij met 2-0 wonnen, kon ik mijn mond inderdaad niet houden. 'Je wilde toch bijdehand doen gisteren?' riep ik tegen hem. 'Had je maar een hand moeten geven!'

'Je kan me wat.' Hij zei niets.

Het seizoen erop kwamen we elkaar weer tegen, nu in de achtste finale van de Champions League. Eerst in Milaan, waar Bayern ons helemaal wegspeelde, maar we 'slechts' met 0-1 verloren.

Na afloop liepen we door die lange gang in de catacomben terug naar de kleedkamer. Louis liep vlak achter me, samen met Robben en Ribéry. Aan het lachen, beetje leuk doen. 'WE HEBBEN ZE!' Dat soort teksten. Hij wist dat ik het hoorde. Dus ik draaide me om, met mijn grote bek: 'Vriend, kijk uit wat je zegt, want we zien elkaar volgende week nog in München!'

Hij hard lachen. 'JULLIE ZIJN WELKOM IN MÜNCHEN!'

Hij leek gelijk te krijgen, want ook daar hadden we geen moer in te brengen. We kwamen wel snel op voorsprong door een goal van Eto'o, maar gingen met 2-1 achter de rust in en hadden geluk dat het daarbij bleef. Maar ik dacht: het zal me niet gebeuren dat Van Gaal me straks weer uitlacht.

Dat gebeurde ook niet, want ver in de tweede helft maak ik plotseling de 2-2 en vlak voor tijd scoorde Pandev de 2-3. En zo had Bayern München van Inter verloren! Toen heb ik echt van alles tegen Van Gaal geroepen en was het echt heftig tussen ons. Nou ja, eerlijk is eerlijk, vooral van mijn kant.

Niet veel later, na het EK 2012, begon Van Gaal aan zijn tweede periode bij het Nederlands elftal. Volgens de pers zou ik – na het afscheid van Mark van Bommel – de nieuwe aanvoerder worden, maar ik voelde dat de bondscoach het me niet makkelijk zou maken.

Dat begon al op zijn eerste dag. We moesten in Noordwijk bij elkaar komen om tijdens een kringgesprek te vertellen waarom het EK 2012 zo was misgegaan. En daarna moest ik blijven zitten. Hij keek me doordringend aan en zei: 'JIJ WORDT MIJN NIEUWE AANVOERDER.'

Maar toen ik dat zaaltje verliet, voelde ik het moment al aankomen dat hij me helemaal doormidden zou zagen.

Echt lekker zat ik ook niet in mijn vel, in die periode.

Ruzie met Inter, vertrokken naar Galatasaray. Niet in vorm, niet helemaal fit. Dat wist ik zelf ook wel. Een klotetijd, het liep gewoon niet.

Ondertussen speelde ik wel een paar wedstrijden met Oranje. Van Gaal nam alles met mij door, ook het bekende 'manifest' met alle regels die hij ons oplegde en waaronder Dirk Kuyt, als tweede aanvoerder, en ik onze handtekeningen zetten. Dat liep allemaal goed af, ook al voelde ik dat ik bij Van Gaal extra op mijn hoede moest zijn.

Dat gevoel bleek terecht toen we als spelersgroep voor het WK een commerciële deal moesten sluiten met de bond. Normaal gesproken zitten dan alleen de spelersraad en KNVB samen aan tafel, maar nu was ook Louis van Gaal aangeschoven. Hij vond dat commerciële inkomsten evenredig over iedereen verdeeld moest worden. *Leve het collectief!* Dus als Robben en Van Persie via sponsors veel geld zouden binnenbrengen, moest dat in de pot van de totale groep.

'Sorry, trainer, maar dat ga ik niet tekenen,' zei ik. Dirk Kuyt zei hetzelfde.

'DAT ZULLEN WE NOG WELEENS ZIEN,' zei Van Gaal, 'WANT WIE NIET TEKENT, GAAT NIET MEE NAAR HET WK!'

'Nou, dan moet je daar in je eentje heen, want niemand gaat dit tekenen, van de hele spelersgroep niet.'

Het idee van Louis om samen te delen klinkt misschien

goed, maar ik hoef geen geld als Van Persie en Robben voor alle sponsordeals moeten opdraven.

Mijn houding stak hem. Het vervolg laat zich raden.

Het begon in maart 2013, tussen twee interlands in, twee thuiswedstrijden: Estland en Roemenië. Na de eerste wedstrijd – op vrijdag – mochten we een avondje naar huis. Ik ben toen met familie en vrienden uit eten geweest. We hadden voor de zekerheid nog aan de trainer gevraagd of dat mocht. 'Geen club, wel een restaurant.'

Yolanthe was jarig en dat vierden we in Dynasty, aan de Reguliersdwarsstraat in Amsterdam. Mijn oma was er ook en er waren nog wat spelers bij. Voor de deur stond een fotograaf, Leo Vogelzang, maar ik had niets om me druk over te maken. Dacht ik.

Die zondag meldde ik me voor de tweede interland en toen was er nog niets aan de hand. Maanden later, in de zomer, bereidden we ons met Oranje, in Hoenderloo, voor op die klotetrip naar Indonesië en China. Moest ik na een training naar het huisje van Louis komen. Danny Blind zat er ook.

'JE WEET WEL WAARVOOR JE HIER BENT!' riep Louis tegen me.

Ik had geen idee.

'JIJ HEBT HET MANIFEST VERBROKEN.'

Het ging om de regel 'niet stappen tussen twee wedstrijden in'. Ik probeerde uit te leggen dat ik alleen maar uit eten was gegaan, voor Yo's verjaardag, met wat spelers erbij. In een restaurant, niet in een club. Na overleg met hem.

'IK WEET ALLES!' zei Louis, maar hij vroeg vervolgens wel welke spelers er dan precies bij waren.

'Je weet toch alles al? En ik zeg niks, ik heb geen Judas op mijn voorhoofd staan.'

'JE BENT GEEN AANVOERDER MEER! En Kuyt is geen tweede aanvoerder meer. Dus als je nu naar huis wilt, begrijp ik dat wel.'

Toen had ik een moment voor mezelf nodig en moest ik even naar buiten. Ik stond niet meer voor mezelf in. Maar na tien minuten ging ik terug naar binnen, gekalmeerd. 'Ik ga niet naar huis Louis, tenzij je me wegstuurt.'

'Dan vraag ik het je morgenochtend weer,' kondigde hij aan. En de volgende ochtend vroeg hij het nog een keer. En ik zei weer dat ik niet naar huis ging.

In Indonesië was Van Persie de aanvoerder. In het stadion was het bloedheet, niemand was vooruit te branden. Ik ook niet, maar alleen tegen mij zei Louis dat-ie niet anders had verwacht. En de dagen erna, dat zal ik nooit vergeten, begon hij Siem de Jong op te hemelen. 'DAT IS EEN ECHTE NUMMER 10! DAAR KAN JE OP REKENEN.'

Tegen China begon ik op de bank. In de rust kwam hij, met dat hoofd van 'm, dicht bij me staan. 'JIJ MOET NU WARMLOPEN!'

'DAN DOE IK DAT!' Die gasten lagen in een deuk.

In de tweede helft viel ik in en maakte de 0-2, achter mijn standbeen langs.

Terug op Schiphol zei hij tegen me dat hij toch wel respect voor me had. 'Best goed gedaan!'

Ik zei: 'Ik ga nu eerst met vakantie, trainer, beetje uitblazen. Dit gedoe tussen jou en mij heeft me toch pijn gedaan.'

De eerstvolgende interland na die trip zat ik niet bij de selectie. De daarna volgende wedstrijd ook niet. En ik hoorde helemaal niks. Alleen via de media.

Ik was niet fit en niet scherp en niet goed genoeg. Dat weet ik allemaal. Maar hij was alleen maar met mij bezig, alleen maar... En ja, ik geef toe dat ik fysiek beter moest worden. Daarom ben ik serieus aan de slag gegaan, met Henk ten Cate, op Ibiza. Elke dag, totdat ik echt in orde was. En toen zei ik tegen hem: 'Luister, Louis, straks heb je mij nodig. Ik weet dat en jij weet dat. Er komt een moment dat je gewoon erkent dat je mij mee moet nemen.'

En dat gebeurde ook, maar wat ben ik vaak gek van die man geworden. Ik weet nu heus wel dat hij een soort katen-muisspel met me speelde. Dat hij me testte, uitdaagde. En hij had ook best wel gelijk. Maar God nog aan toe, elke keer weer die vraaggesprekjes over mij, tussen hem en Bert Maalderink...

Op het WK 2014 speelde ik op een andere positie dan ik gewend was, als de kilometervreter van het elftal. Ik heb alles gegeven, met als persoonlijke genoegdoening die wedstrijd en dat doelpunt tegen Mexico.

Daarvóór hadden Louis en ik tijdens het toernooi nog wel de nodige aanvaringen.

Op een dag mochten we met zijn allen naar een klein eilandje in Rio, een soort zwemparadijs. Lekker ontspannen, hoopten we. Maar het was daar hartstikke druk en we hadden al snel duizend kinderen op ons dak. Van Persie, Robben en ik bleven maar handtekeningen uitdelen. Het was niet te doen en met een stel zijn we terug naar het hotel gegaan. En daar zat 'mijnheer', in de lobby. Hij liet iedereen passeren, tot ik langsliep. 'MOEST JIJ ZONODIG WEG?'

'Er lopen net tien spelers voorbij, maar míj klamp je aan?'

'OMDAT JIJ DE AANSTICHTER WAS!'

'Niet waar,' zei ik, maar dat kwam al niet meer aan.

Op de training schold hij me soms ook verrot, al verstond ik vaak niet wát hij schreeuwde. Dan kwam hij aanhollen, met die manke heup van hem. 'SNEIJDER!' En dan trok-ie van leer, alleen tegen mij.

Maar anderen kwamen ook aan de beurt. Tijdens dat WK was Jordy Clasie jarig en Louis speechte. 'Er is iemand jarig. Jullie vragen je natuurlijk af wie dat is. Nou dat zal ik jullie vertellen. Het is iemand die nog niet heeft gespeeld. En als hij zo doorgaat met trainen, gaat hij niet spelen ook. Van harte Jordy!' Misschien hielp dat wel, want Jordy speelde later tóch, en nog best goed ook.

Jasper Cillessen ging tegen Mexico de fout in, waardoor we op 1-0-achterstand kwamen. Vroeg Louis daarna aan Jasper wat eigenlijk zijn kwaliteiten zijn als keeper. 'Nou,' zegt Jasper, 'ik ben allrounder.' Begon Louis keihard te lachen! 'HAHAHA, wees jij nou maar blij dat we gewonnen hebben. Jij hebt het geluk aan je kont hangen!'

Dan schrik je wel even. Doet hij nou grappig, serieus, of is hij gewoon opgelucht?

De nederlaag in de halve finale tegen Argentinië brak me. Toen we in Brasília aankwamen voor de wedstrijd om de derde plaats, was ik helemaal op en tijdens de warming-up raakte ik geblesseerd. Ik lag even later op de massagetafel en Van Gaal kwam naast me zitten. 'Ik heb gezien wat je gedaan hebt, respect. Je hoeft niet meer. IK BEN TROTS OP JE.'

Zo was hij dus ook wel weer, dat moet gezegd. Die woorden raakten me, zeker, ze gaven me een goed gevoel. De trainer was in die fase, in 2014, ook professioneel met me bezig. Daarvoor was het persoonlijk.

Terug in Nederland was er nog een feestavond, een slotavond. Die heb ik aan me voorbij laten gaan. Ik had geen zin om te luisteren naar hoe 'mijnheer' nog eens zou gaan vertellen hoe goed het allemaal was gegaan. 'Jammer dat je zo vroeg weggaat,' zei Louis, met Truus naast hem. Hij hield nog ongeveer tien minuten Yolanthes hand vast, maar ik ben gegaan, we zijn gegaan. Het was genoeg.

Ik had ook genoeg van mijn eigen hersenspinsels. Bijvoorbeeld dat Louis zó graag naar Manchester United wilde dat hij daarom *close* werd met Van Persie en mij opzijschoof als aanvoerder. Ik zag ze ook óveral samen, maar dat moest ik maar opzijzetten, laten rusten.

Ik heb Louis van Gaal een geniale gek genoemd. Een geniale trainer en daarbuiten ook gek, dus: een geniale gek. Daar moet hij, denk ik, hard om lachen. De ballen uit zijn broek.

Een *people manager* is hij niet. Hij kent één rechte lijn, zijn rechte lijn. En hij zei altijd wel dat hij graag mondige spelers wilde, maar tot op de dag van vandaag weet ik niet of hij dat wel echt kon waarderen. Als trainer was hij voor spelers ook niet makkelijk benaderbaar, je stapte niet zomaar op hem af. Maar als mens wel! Los van het voetbal. Hij is charmant, een charmeur ook, en geïnteresseerd.

Als trainer staat hij zeker in mijn top-3.

Wie er op 1 staat? Mourinho, natuurlijk.

* * *

Wesley is één meter zeventig en lijkt in niets op hem, maar zijn imitatie van Louis van Gaal is nog steeds overtuigend.
'EN JIJ DACHT HET BETER TE WETEN?' en 'JIJ HEBT JE HIER IN BRAZILIË GOED GEWEERD!'
Op die momenten ís hij Louis. En daarna schatert Wesley het zelf ook uit.
God, wat heb ik vaak als een Jan Lul tussen die twee in gemanoeuvreerd. Dan liep ik, in het kielzog van de bonds-

coach, de perszaal binnen voor weer een bijeenkomst met het journaille en dan bad ik dat hij Wesley dit keer eens *niet* fors zou aanpakken. Tegen beter weten in.

Louis wilde Wesley per se meenemen naar het WK in Brazilië, maar vond hem niet goed genoeg. Of beter gezegd: te dik, te lui, te ongedisciplineerd. En dan trok hij tijdens zo'n persconferentie, achter die Zeister-tafel, weer eens van leer, uitgedaagd door de 'Kraaytjes' van onze wereld; bikkelhard, terwijl hij vooraf toch had gezegd mild te zullen zijn.

Ik zat erbij, hevig transpirerend, met een gemaakte glimlach op mijn gezicht, hopend op een geniale inval waarmee ik zowel Louis als Wesley kon redden. Die ingeving kwam nooit. Maar die samenkomsten kregen voor mij wel een vervolg met Wesley Sneijder zelf. 'Wat zei die neus nou weer? Kon je z'n mond niet snoeren? Hij kan de pest krijgen, met z'n WK!' En dan verdedigde ik de bondscoach weer: 'Hij wil je echt mee hebben, Wes. Geloof me nou!'

Ze hadden het bijna opgegeven. Allebei. Louis van Gaal werd moe van zijn eigen pogingen om Wesley Sneijder te motiveren en Sneijder meende dat Van Gaal hem zó haatte dat hij zijn selectie voor Oranje onmogelijk achtte. Uiteindelijk bleek Louis Wesley nodig te hebben en Wesley Louis, en zo kozen ze voor elkaar. Haat-liefde. Tegenstrijdiger karakters bestaan er niet. En ik dweilde er tussendoor, gaf onderweg zowel Louis als Wesley gelijk. Slijmen tot de medaille erop volgde. En tot de *echte* Louis *echt* zei tegen de *echte* Wesley: 'IK BEN TROTS OP JE!'

Texas Hold'em

Verveling is het grootste probleem tijdens een trainingskamp. Vooral langdurige trainingskampen zijn saai. Een of twee keer trainen per dag, in de middag rusten, om halftwaalf in de avond naar bed. En je mag het hotel niet uit.

Wij speelden daarom urenlang poker. *Texas Hold'em*.

In Huis ter Duin stond op de vijfde etage een televisie, een tafeltennistafel en... een pokertafel! Ik speelde vaak met Dirk Kuyt, Rafael van der Vaart, John Heitinga, Arjen Robben en Nigel de Jong. Het gaf altijd wat spanning en ontspanning. Afleiding.

Ik was de boekhouder en schreef altijd alles op, zodat we niet na elke sessie hoefden af te rekenen. Ik bewaarde het papiertje zorgvuldig. We speelden natuurlijk nooit met geld op tafel, we speelden met lucifers. En iedereen had zijn eigen budget, zijn eigen limiet. Over een heel toernooi was dat voor de één 1000 euro, voor de ander 5000 en misschien was er weleens iemand met een limiet van 10.000 euro.

Asociaal? Nou ja, dat geld werd natuurlijk niet allemaal verspeeld. Ik kan me wel voorstellen dat mensen zeggen dat we niet goed bij ons hoofd waren. We konden het aan, zal ik maar zeggen. Het kon wel flink oplopen, al speelden we ook weer niet met het mes op de keel. Persoonlijke vriendschappen mochten er niet onder lijden. Zo bestaat de vriendschap tussen Patrick Kluivert en mij nog steeds.

Patrick speelde regelmatig mee. Dan klopte hij tijdens de verplichte middagrust soms op onze kamerdeur of we wilden spelen, ook al was hij niet zo'n goeie speler. Tijdens de voorbereiding op het WK 2014 stond hij zo'n 30.000 euro bij mij in het krijt. Een kaartschuld is ereschuld.

Hans Jorritsma, de teammanager, kreeg op een gegeven moment in de gaten dat we fors aan het spelen waren, dat Patrick in de problemen was gekomen én dat hij niet betaalde. Jorritsma seinde Van Gaal in en die sprak ons toe, in Huis ter Duin. Het moest afgelopen zijn met pokeren om die hoge bedragen. En hij was teleurgesteld, vooral in zijn assistent Kluivert. Dit kon ons teamproces verstoren en de teambuilding kapotmaken. Je hoort het hem zeggen. Louis vond het te heftig en dat was het misschien ook wel. Geld kan een grote rol gaan spelen, mensen uit elkaar drijven. Maar het heeft nooit tussen Patrick en mij in gestaan. Die 30.000 euro heb ik hem kwijtgescholden en ik heb hierover nooit de pers gezocht.

Falen in de woestijn

Nice was een flop. Ik heb er niets gepresteerd. Ik kon er ook niets presteren.

De club was in opkomst en wilde definitief naar de top. OGC Nice was derde geworden in het seizoen voordat ik overkwam van Galatasaray en had goede spelers aangetrokken. Guido Albers kwam in augustus 2017 met Nice als mogelijkheid en ik voerde warme gesprekken met de technisch directeur en de president. Ik heb alleen niet met de trainer, Lucien Favre, gesproken.

Ik kreeg rugnummer 10 en Nice zou ook met mij als echte '10' gaan spelen. Ik vertrouwde daar volledig op en wilde in die rol mee in de grote plannen van Nice. Het leek allemaal fantastisch. In Cannes, in de wijk Le Californie, kregen we de mooiste villa waarin we ooit hebben gewoond. Gehuurd van de Brabantse zakenman Rob Thiele, die het al een tijdje te koop had staan. Met uitzicht over de baai en over de heuvels. Het enige nadeel was dat er in die wijk ongeveer elke nacht werd ingebroken... Er ging altijd wel ergens een alarm af. We hebben toen voor 's nachts een persoonlijke beveiliger ingehuurd en daarna bleef het bij ons redelijk rustig.

Het leven lachte ons toe. Yolanthe tekende een mooi contract met RTL voor het maken en presenteren van eigen tv-programma's en we konden vanuit Nice makkelijk op en neer naar Amsterdam.

Ik was nog steeds ambitieus en redelijk fit. Vond ik zelf. Maar Favre vond dat niet. Hij had bovendien een ander systeem in zijn hoofd, 4-4-2, en hij wilde helemaal niet spelen met een nummer 10. In het begin trainde ik met alles vrolijk mee en rekende ik op mijn kans. Er waren best leuke kameraden, zoals Dante en Balotelli, met wie ik veel optrok. En ik kreeg ook mijn kans, als diepe spits, in een 4-4-2-formatie.

Ik werd bewust geslachtofferd. Later begreep ik dat Favre die zomer een aanbod had gekregen van Borussia Dortmund en dat de leiding van Nice hem niet had laten gaan. Frustraties bij Favre, die mij al snel buiten de selectie hield. Ik was niet zijn aankoop. Hij vroeg wel, na enige tijd, of ik onze keeper tijdens de trainingen wilde inschieten. Met afstandsschoten. En met zogenaamde zwabberballen. Want de eerstkomende tegenstander had ook een speler die vrije trappen nam op de manier zoals ik ze schoot. Verschrikkelijke lulkoek, maar ik deed het, met gezonde tegenzin. Ik trapte 35 ballen achter elkaar op doel en bij de 36ste zwaaide ik mijn been weer naar achteren en pats: hamstringblessure. Toen lag ik er lang uit. Alle plezier, voor zover nog aanwezig, was ook weg. Ik had onvoorstelbaar de pleuris in.

Ik heb, geloof ik, vijf competitiewedstrijden meegedraafd bij Nice, plus wat Europese potjes. Al leek het in de ogen van sommige mensen misschien meer als meehobbelen. Ja, als je mij in de spits opstelt, oog ik trager dan iedereen. Dan bén ik ook trager. Ik had een spiegel in dat huis, hoor, daar keek ik heus wel in.

Toch vond ik dat het absoluut niet alleen aan mij lag. Al lag het Franse voetbal me ook niet echt. Het was mij te fysiek er werd te veel geschopt. De technisch directeur, de president en ik kwamen er na een paar maanden achter dat het beter was het contract te ontbinden. En Favre ging na het seizoen alsnog naar Borussia Dortmund.

Nice was een flop, achteraf gezien. Een Arabische tussenpersoon greep toen zijn kans. Die man volgde mij al een tijdje bij Nice, met de vraag of ik naar Doha, in Qatar, wilde komen, maar ik negeerde hem. Tot we een gezinsuitje hadden naar Parijs en we hem zelfs daar in het hotel tegenkwamen. 'Toeval,' zei hij.

Na mijn breuk met Nice vond ik Doha wel interessant. Niet eens voor het geld, ik zat niet omhoog. Echt voor het avontuur, voor het plezier. En ja, de voorwaarden waren in orde. De man beloofde me mondeling van alles, maar ik ben pas afgereisd toen het echt allemaal op papier stond.

Dat had ik dus nooit moeten doen.

Daar is veel misgegaan. Mijn schuld.

Het oogde allemaal perfect. Met een riante villa in het Grand Hyatt en een contract voor anderhalf jaar.

Ik wilde op mijn gemak het plezier terugkrijgen in het voetbal, bij Al-Gharafa, best een grote club daar. In de schaduw van de clubs Al Sadd en Al Duhail. Het doel van de club was terugkeren naar de nationale top en succesvol zijn in de Aziatische Champions League.

Het ging best goed, met onze Turkse staf. Ik scoorde ook veel. Maar het voetbal was van een laag niveau. Alles was verder goed geregeld, maar er kwamen geen toeschouwers in de stadions, er was geen sfeer en nauwelijks strijd. Al kreeg ik wel een keer rood. We stonden pal voor tijd 2-0 voor, ik had tweemaal gescoord en kwam nog een keer vrij voor de keeper, die de bal van mijn voet pikte. Ik sprong op, en bij het neerkomen landde ik per ongeluk op de keeper. Gaf die scheids me rood! Ik ben helemaal uit mijn dak gegaan. Waarom zou ik in godsnaam bij zo'n stand, na mijn doelpunten, de keeper willen blesseren? Ik kreeg twee wedstrijden schorsing. Toen zei ik tegen de sjeik: 'Als ze die schorsing doorzetten, ben ik hier weg.' Kreeg ik de dag erna het bericht dat mijn schorsing ongedaan was gemaakt. De scheidsrechter was wél geschorst en een Zwitser zou onze eerstvolgende wedstrijd fluiten. Die bleek Schneider te heten...

Ik kon moeilijk wennen aan het niveau. En aan de voetbalcultuur. We trainden één keer per dag, 's avonds. Heel af en toe hadden we een trainingskampje. Daarom verveelde ik me overdag vaak de pleuris. Te vaak.

Dus, hup, ik naar het strand. Biertje met toeristen, nog een biertje hier, en daar nog eentje.

Yolanthe had in Nederland haar RTL-televisiewerk, ik zat lamlendig in dat Grand Hyatt. Eenzaam niet, ik verzamel altijd mensen om me heen. Je kunt daar alleen niet tot laat in de avond op stap, dus dat betekende feestjes bij mij thuis.

Het mag duidelijk zijn dat Yo en ik elkaar veel te weinig zagen. Daar is veel misgegaan. Het huwelijk holde achteruit. Natuurlijk zat ik niet goed in mijn vel, maar dat zien maar weinigen aan me. Mijn negatieve gevoelens uit ik niet zo. Ontelbaar veel mensen over de hele wereld lachen me dan uit.

Ik heb best tegen vrienden gezegd dat ik rustig moest gaan leven. En vrienden zeiden dat ook tegen mij. Toch ben ik moeilijk te stoppen, ik ben ook impulsief en eigenwijs. Dat hele avontuur was achteraf klote. Noem het gerust falen in de woestijn.

* * *

Begin tegen Wesley Sneijder over zijn privéleven en hij klapt dicht. Dat valt eerst niet op. Hij blijft druk en driftig en ogenschijnlijk onaantastbaar. De grote mond is er steeds. Maar als je doorvraagt, wordt hij toch een tikkie kribbig en wil hij

het gesprek een andere, zorgeloze kant opsturen.
Wesley praat ook niet graag over zijn mislukkingen. Wie wel? Maar voor grote sportmensen is de langzame teloorgang even onvermijdelijk als lastig. In de nadagen van een loopbaan heeft je omgeving het vooral over vroeger. *Wat was je toen goed*, is eigenlijk een dodelijke constatering. Wesley was goed in veel en van alles. Een ras-optimist, altijd. Die hooguit toegeeft weleens in de spiegel te kijken, maar zelden zegt wat hij dan ziet.

Mijn favoriete elftal

Ik heb met veel grote spelers in een elftal gevoetbald. Het valt dan ook niet mee om een favoriet elftal samen te stellen. Zuchtend en zwetend denk ik na over elke positie en het maakt me boos dat ik grote namen moet overslaan. Maar uiteindelijk is dit mijn favoriete elftal:

Edwin van der Sar

Maicon, Sergio Ramos, Cristian Chivu, Javier Zanetti

Mark van Bommel, Guti, Dejan Stanković

Arjen Robben, Ruud van Nistelrooij, Samuel Eto'o

Arjen Robben schrijf ik als eerste op. Altijd wanneer we samenspeelden, dwong hij me haast die steekpasses te geven. We waren een twee-eenheid. Hij liep, ik passte. En dan was hij weg. Wat een topper. Robben had absoluut een keer de Gouden Bal verdiend, met uitroepteken. Altijd zo gepassioneerd. Overdreven fanatiek, vond ik soms. Maar een voorbeeldige prof en de beste aanvaller waarmee ik gespeeld heb.

Verder, van achteren naar voren:

Edwin van der Sar, die alleen al door zijn postuur imponeerde. Wanneer hij zijn doel uit kwam, schrok je. Dan was hij onpasseerbaar. En bij corners was-ie de baas. Hij kon ook heel goed voetballen. Ik heb kort met hem gespeeld, maar dat was genoeg. Respect. Een man van weinig woorden ook. Hij moest bij het Nederlands elftal een keer een mop vertellen omdat hij te laat was. Een regel van Marco van Basten. Het duurde vier minuten voordat hij toe was aan de clou en die begreep niemand... We hebben Van Basten gevraagd of hij Van der Sar voortaan kon ontzien.

Maicon, een beest. Ik kon hem blindelings vinden. Als rechtsachter kwam hij altijd op het juiste moment op. Een sierlijke *killer*, noemde ik hem altijd, want hij was niet alleen meedogenloos, maar had ook een prachtige traptechniek, waarmee hij veel van afstand scoorde.

Sergio Ramos, die uitgroeide tot de beste verdediger ter wereld. Hij kon keihard zijn in de duels en ruziemaken met het publiek van de tegenpartij. Was voor niemand bang. Wat een persoonlijkheid. En wat een ambitie. Het liefst wilde hij dat de keeper hem de bal gaf, zodat hij de bal naar de zijkanten kon passen, om daarna naar voren te stormen en de voorzet op te eisen, zodat hij zelf kon inkoppen. Een echte clubman, die mij bij Real Madrid op weg hielp. Ik heb nog contact met hem. Toen Real verloor van Ajax, zei hij tegen me: 'Wes, ze weten daar toch wel hoeveel keer ik in mijn eentje de Champions League heb gewonnen?'

Cristian Chivu, mijn slaapmaatje bij Inter. Geweldige humor. Qua speler type Ramos. Maar een tikkie onderschat, vind ik. Sterk inzicht. Teamspeler. Toen hij, uit bij Chievo Verona, tegen de grond ging was ik echt in paniek. Ik dacht dat hij doodging. Hij had een schedelbreuk, maar keerde terug op het hoogste niveau!

Javier Zanetti, een Argentijn die Italiaan werd. Een gentleman. Op 38-jarige leeftijd speelde hij nog altijd op topniveau. Onverslijtbaar. Een echte *capitano*. Serieus en gefocust. Linksback, rechtsback, maakte hem niet uit. Hij is nu de technische baas bij Inter. Een sieraad voor het voetbal.

Mark van Bommel, een enorme bloedzuiger. Keihard, alles voor het resultaat. Vreselijk om tegen te spelen. Hij lult de hele wedstrijd tegen je, pesterig. Altijd met een grijns op zijn gezicht. Ik vond hem mijn moeilijkste tegenstander. En hij scoorde ooit nog eens drie keer in een wedstrijd tegen mij... Hij was zo sterk, zowel voetballend als tactisch.

En altijd in dienst van. Hij liet mij bij Oranje in 2010 goed spelen. Nigel de Jong heeft vergelijkbare kwaliteiten, maar Mark was nog beter.

Guti, de beste met wie ik ooit heb samen gespeeld. Wat een inzicht. Ogen in zijn achterhoofd. Ik herinner me een hakbal op Benzema, toen hijzelf alleen op de keeper af ging. Geniaal. Helemaal mijn type. Maar bij Real speelde hij niet eens altijd. Hij negeerde mij in het begin ook, want hij zag me als zijn grote concurrent. Later werden we maatjes.

Dejan Stanković, de Koning. Met een onvoorstelbare traptechniek. Maakte een legendarisch doelpunt voor Inter tegen Schalke, vanaf de middenlijn. Hij kon ook vervelend zijn binnen de lijnen. Buiten het veld een goede vriend van me. In Servië en bij Rode Ster is hij een absolute held.

Ruud van Nistelrooij, zo trefzeker. En hoe groot de voorsprong ook was, hij wilde – net als Huntelaar – altijd nog scoren en had de pest in als dat niet lukte. Ik kon Ruud altijd aanspelen. Hoe hij ook stond. Met zijn rug naar de goal nam hij de bal aan, draaide en scoorde. Goede techniek ook, wordt weleens onderschat. En een goeie gozer, categorie Zanetti. Toen ik bij Real vertrok, stond hij als eerste bij me op de stoep.

Samuel Eto'o, een doelpuntenmachine, vanaf links, want bij Inter hadden we Milito in de spits. Zijn snelheid was ideaal voor mijn steekpass. Ik moet dan meteen denken aan zijn doelpunt tegen Chelsea op Stamford Bridge. Ik stuurde hem weg, hij anticipeerde en scoorde. Een sociale gozer ook. Te goed voor deze wereld, dacht ik weleens. Hij ondersteunde wildvreemde mensen die een beroep op hem deden.

In dit elftal staan veel medespelers van Inter. Logisch, want we hadden een topteam, in 2010. Met nadruk op *team*. Ik vind het heerlijk om op die tijd terug te kijken en over dat team te praten. Maar ik ken geen heimwee. Ik sta nu net zo lief bij DHSC langs de lijn. Zolang die bal maar rolt.

Het afscheid

Ik ben na mijn loopbaan niet in een zwart gat gevallen. Ik had en heb genoeg te doen. Maar ik geef toe: het was wel aanpassen.

Als voetballer leef je dagelijks toe naar een training, of naar twee trainingen. Je hele leven staat in dienst van het voetbal. Niet alleen jouw leven, maar ook dat van iedereen in je omgeving. En dat kan heel voorspelbaar en saai zijn. De dagen bestaan uit trainen, eten, slapen, trainen, en op naar de volgende wedstrijd, de volgende reis.

Dat is het leven van een topsporter. Een leven dat ik twintig jaar heb geleid. En wat was het mooi. Ik speelde net zo gretig voor 90.000 toeschouwers in Bernabéu of San Siro als voor drie man in de woestijn. Als ik die bal maar kon raken. Wanneer dat wegvalt, ontstaat een ander leven. Maar ik ben makkelijk en kan me overal aanpassen. Dus ik vond klusjes. In Turkije, in China, in Utrecht.

Toch kunnen de dagen behoorlijk lang zijn. Vooral omdat er geen structuur in zit. Dan sta ik 's morgens op en ligt er een lange dag voor me. Zonder trainingen, zonder vrienden en collega's, zonder vastigheid. Een totaal ander ritme.

Ik heb nog veel contact met collega's die ook gestopt zijn en tegen een leegte aanhikken. Ook ken ik collega's die lang doorgaan; niet voor de poen, maar vanwege dat ritme en het voetbal. Wat moeten ze anders? Het is ook liefde. Verslaving aan het spel. Daarom ben ik zo lang bij het Nederlands elftal doorgegaan. Uit ambitie en passie. Ik wilde dat record, 134 interlands. En ik wilde zo lang mogelijk proeven van wat ik zo mooi vind. Niet omdat ik bang was voor het zwarte gat, maar omdat ik wist dat er niets mooiers voor het voetbal in de plaats zou komen.

Voor mijn afscheid bij het Nederlands elftal hadden veel mensen hun best gedaan. Mensen kunnen vinden wat ze willen over dat bankstel op de middenstip, maar stel je eens voor hoe dat voor ons was? Voor Yolanthe en mij, voor de jongens? Die gastjes vergeten dat nooit meer. Zo apart, zo indrukwekkend.

En iedereen was aanwezig. Mijn gezin, mijn familie, mijn vrienden. En de beste voetballers van Nederland. Ik was best nerveus vooraf. En achteraf. Normaal heb ik dat helemaal niet. Ik vond dat juist altijd lekker, die spanning van een grote wedstrijd. Kom maar op! Ik ging lachend de strijd aan. Maar op die avond in september 2018 was het anders. Ik hikte tegen die wedstrijd aan. De allerlaatste keer...

De avond voor die wedstrijd tegen Peru lag ik op bed in mijn kamer. Er werd op de deur geklopt. Memphis Depay, een tikkie verlegen. 'Ik wil je bedanken voor de lessen die je me hebt gegeven wanneer we samen waren,' zei hij. 'Ik heb veel aan je gehad.'

Het greep me aan dat zo'n jonge, talentvolle gozer, die soms in de clinch ligt met de buitenwereld, voor mijn deur stond om me te bedanken. En mij daarbij een prachtig cadeau gaf. Een Rolex.

Ik sprak best vaak met hem. Niet als de betweter, maar omdat ik zelf veel heb meegemaakt en weet dat je je niet te veel moet aantrekken van wat de buitenwacht vindt, anders word je gek. Zoals toen met die hoed van hem. Heel Nederland in de war. Memphis met een hoed. Nou en?! Hij doet nou eenmaal vaak wat spontaan in hem opkomt. En dat hij zo'n hoed mooi vindt, is toch geen misdaad?

Maar de media pakte hem meedogenloos aan en hij kon het niet laten om te reageren. 'Niet doen, joh,' zei ik. 'Jouw tijd komt wel. En de waardering voor jou als voetballer ook'.

Wat vecht hij na die zware blessure nu geweldig voor zijn loopbaan. Ongekend. Hoed af... En hij krijgt ook respect van iedereen. Maar toen kwam hij ineens weer in het nieuws met die 'lijger' op zijn schouder. Viel de halve wereld over hem heen. En hij weer reageren. Dan ben je alleen maar verder van huis. Ik had hem moeten bellen: niet doen, jongen, laat gaan. Over een paar dagen zijn ze jou en die 'lijger' weer vergeten. En als je schittert tijdens het EK ben je weer de held. Maar ik heb hem niet gebeld. Stom.

Ik heb nog best veel contact met oud-collega's. Met Sergio Ramos, met Chivu, met de Nederlandse jongens. Vriendschappen verwateren, maar verdwijnen nooit. En wat we vooral altijd houden, zijn onze herinneringen. Dan praten we over hoogte- en dieptepunten. Met een lach, cynische humor. Zo dollen oud-ploeggenoten van Galatasaray me nog weleens over mijn blijdschap na een succesvolle vrije trap tegen Arsenal. Voor mijn aanloop zei ik al dat ze terug konden lopen naar onze eigen helft. Hij gaat erin, wist ik. En hij ging erin. Alleen stonden we toen al 0-4 achter, dus lekker belangrijk... Zo zitten wij voetballers ook in elkaar.

Zelf ben ik natuurlijk ook de man van De Pass, met hoofdletters. Ik heb best veel gescoord, maar de splijtende pass vind ik mooier. Die op Robben, in 2010, met de teen van Casillas. En die op Robben in 2014, voor de 5-1 tegen Spanje. De mooiste vind ik zelf die bananenbal op Van Persie, in Eindhoven tegen San Marino. We wonnen met 11-0, een onbelangrijke wedstrijd, maar toch mijn moment.

Scoren uit een vrije trap vond ik ook mooi, maar net iets minder mooi dan de steekpass. Passes geven heeft te maken met gevoel. En met een klik met je medespeler. Dat had ik vooral met Robben. Vrije trappen kun je oefenen. Dagelijks. Ik ben daar bij Ajax mee begonnen, onder Ronald Koeman.

Die zei dan na de training tegen Rafael van der Vaart, Zlatan Ibrahimović, Nigel de Jong en mij dat hij het ons nog even ging voordoen. Dat werd een spel, een wedstrijd. Ik oefende met links en rechts. De bal over de muur leggen, precies tussen de buitenste en een-na-buitenste speler in. In mijn nadagen wel meer met rechts, van beide kanten van het veld. Dan schoot ik de bal vanaf de rechterkant met rechts in de korte hoek.

Faalangst bij vrije trappen heb ik nooit gekend. Gefaald heb ik natuurlijk wel, ook in grote wedstrijden. Maar dan zei ik dat gewoon. Tegen mezelf, tegen medespelers en tegen de pers. Ik voelde me nooit de schlemiel en wist dat ik bij de volgende wedstrijd revanche kon nemen. Nieuwe ronde, nieuwe kansen. En miste ik een vrije trap, stapte ik de volgende keer weer monter achter de bal. Ik heb bij vrije trappen altijd vertrouwen gehad in mijn eigen kunnen. In een vol stadion, bij cruciale momenten. Ik durfde het altijd aan. Misschien dat ik daarom met heel veel fans een goed contact had. Ik deed het gewoon. Maar ik heb er wel hard voor moeten werken. Het leek misschien makkelijk, maar op die vrije trappen heb ik ontelbare uren geoefend en dan was ik niet van dat veld te schoppen. Daar heb ik van genoten.

Terug naar het Vaticaan

Na mijn huwelijk met Yolanthe ben ik gedoopt in Milaan. Yolanthe koestert het geloof, ik heb het later opgepakt. Ik heb wel altijd iets wat op geloof lijkt bij me gedragen. Er moet een hogere macht zijn, dacht ik vaak. Die stuurt, steunt, richting geeft, corrigeert. Dat verwachten mensen niet van me, omdat ik zo luchthartig doe, of lijk. Omdat ze bij mij geen diepgang verwachten. Ja, ik doe altijd vrolijk, maar dat wil niet zeggen dat ik altijd gelukkig ben. Ik heb ook heus wel wat afgepeinsd en afgepiekerd. Maar het zit ook in mij dat ik, ondanks alles, 's avonds rustig ga slapen en de volgende morgen weer fit, fris en fruitig onder de mensen ben.

Later, in een mindere periode van mijn leven, ben ik naar het Vaticaan gegaan. In mijn eentje. Wat voelde ik me toen verrot slecht.

Ik sliep in een klein hotelletje, pal bij het Sint-Pietersplein. Ik zie mezelf nog zitten, in m'n uppie in een restaurant, met een pizzaatje voor mijn neus. Droevig, man. Ik had behoefte aan vertrouwelijke gesprekken. Het probleem is alleen: ik kan dat niet, openhartig en vrijuit praten over serieuze zaken en problemen. Maar ik moest wel. Ik moest 'schoon' worden. Ik wilde vergeving. Omdat ik weer een tijdje op z'n Wesley Sneijders had geleefd. Hoe? Gaat je nu niks aan. Dat ik daar zat, treurig in dat restaurant, wachtend op een gesprek met Monsignor Luigi Misto zegt toch genoeg. Ik wilde steun en zocht vergeving, maar daar moest ik echt wel wat voor doen. Ik moest diep door het stof. Een reiniging, noemde Monsignor Luigi het. Ik moest schoon worden.

Bij Inter staat een kerkje op het trainingscomplex. Veel spelers gingen daar dagelijks bidden. Zanetti voorop. En de avond voor een wedstrijd was er in dat kerkje een mis. Die gasten vroegen daar heus niet alleen om steun en succes. Ze spraken hun dankbaarheid uit voor wat ze waren geworden en deden een gebed voor hun dierbaren, voor alle ellende op de wereld, voor van alles. Dat was echt geloof, geen bijgeloof. Op een gegeven moment ben ik meegegaan. *Hoeft niet,* Wes, zeiden ze, *maar als je meegaat, moet je wel respect tonen voor wat wij voelen en doen.*

Niemand hoeft te geloven. En wie wel gelooft, mag geloven wat-ie wil. Ik vul het zelf ook op mijn manier in. Ik geloof de ene keer wat intenser dan de andere keer. Ik beleef het geloof soms ook langere tijd niet. Maar ook dan is het wel aanwezig, op de achtergrond. Louis van Gaal heeft het geloof afgezworen na de dood van zijn eerste vrouw. Dat begrijp ik hartstikke goed. En voetballers gebruiken het geloof soms als noodzakelijke steun. Ja, dat is een vorm van egoïsme. Van Monsignor Luigi mag dat.

Ik heb vanaf mijn zevende gevoetbald, 28 jaar lang. Dag in, dag uit. Het was mijn hobby en mijn passie. Maar het was ook mijn beroep, waarbij ik altijd moest presteren. Ik ben geleefd. Daar hoor je mij niet over klagen, maar er waren momenten dat ik uit de band moest springen. Dan was ik het zat. En dan sprong ik ook echt uit de band, dan leidde ik een bourgondisch bestaan. Er zijn voetballers die dat nodig hebben en er zijn voetballers die dat helemaal niet nodig hebben. Ik hoor bij de eerste categorie, en ik heb dan geen rem.

'Jij bent geen heilige, Wes,' zei Monsignor Luigi.

'Nee, maar bij mij staat alles in de krant. Ik ben altijd Wesley Sneijder.'

Daar heb ik ook veel aan te danken en daar zijn veel mensen jaloers op. Maar ik ben wel lang genoeg Bekende Nederlander geweest. Ik heb nu liever rust, ik zou graag anoniem willen zijn. Maar ik ben niet achterlijk, dat gaat natuurlijk nooit meer lukken.

Heel veel mensen praten me naar de mond wanneer ze bij me in de buurt zijn. Maar zodra ze ergens anders zijn, vertellen ze van alles over me en zelden iets goeds. Als je alles moest geloven heb ik al zestien relaties gehad en ben ik elke dag dronken. Mensen kunnen alles over je zeggen en schrijven wat ze willen. Ook goede dingen, maar die onthouden mensen niet. Juist die rottigheid is lekker vreten. Wat mensen als Johan Derksen en René van der Gijp soms over me zeggen vind ik allemaal niet zo erg. Daar kan ik ook om lachen. Maar mijn omgeving heeft er wel last van.

Gaat het wel met je, Wes? Zorg je goed voor jezelf, Wes? Gedraag je je, Wes?

Daar word ik soms gek van. Vandaag is zo'n dag. Dan voel ik me depressief. Vanmorgen schoof ik de gordijnen open en het regende. Wat ga ik met deze dag doen? Ik ben niet in een zwart gat gevallen, ik heb het druk zat, maar soms ben zelfs ík in een klotestemming. Ik houd van koken, maar om nou vandaag uitgebreid kippenlevertjes te staan klaarmaken en die dan binnen vijf minuten op te vreten, daar heb ik geen zin in. En dan nog alles opruimen ook. Gelukkig heb ik veel vrienden. Veel oudere vrienden vooral, altijd zo geweest. Ik knap ook erg op van lekkere muziek; André Hazes, Rolf Sanchez.

Natuurlijk kan ik onzeker zijn, maar dat hang ik niet aan de grote klok. Ik ga echt niet met Jan en alleman een gesprek aan over mijn eigen karakter en zorgen. Dan blijf ik gesloten. Dan blijf ik lachen. En zo blijven mensen gissen. *Hoe gaat het toch met Wesley, met die mooie, knappe, bekende vrouw?* Nou, goed, hoor... Ze menen er toch niks van: sommige mensen willen alleen maar hun vooroordelen bevestigd zien en dan heb ik ze ook nog eens de kans daartoe gegeven. Dat mag niet meer gebeuren.

* * *

Aanvankelijk kan Wesley niet op de volledige naam komen van de Italiaanse geestelijke die hem doopte. 'Don Luigi,' zegt hij. Wat mij in de oren klinkt als Don Camillo, de beroemde pastoor uit de lange filmserie met Fernandel in de hoofdrol. 'Nee nee, het is serieus,' zweert Wesley. 'Ik heb zijn telefoonnummer nog.' En prompt begint hij aan een appbericht. *Het spijt me, dat ik U stoor, maar ik wil U opvoeren in mijn boek. Hoe luidt Uw volledige naam ook al weer? En hoe gaat het met U? Een warme groet*

Vijf minuten later volgt het antwoord: *Hello dear Wes! I'm fine as I hope of you. My full name is: Monsignor Luigi Misto. Thank you for have thought of me. A big hug too.*

Wikipedia leert mij dat Don Luigi (68) een vooraanstaande persoonlijkheid is in het Vaticaan. Ten tijde van Wesley's doop en hun gesprekken daarna was hij onder meer secretaris van de Administratie van het Patrimonium van de Apostolische Stoel, benoemd door Paus Benedictus XVI. Op 27 augustus 1986 benoemde Paus Johannes II Don Luigi tot Monsignor.

'Hij is ook gek op voetbal,' zegt Wes.

Sportpark Wesley Sneijder

Mijn eerste liefde was DOS.

Door Oefening Sterk.

Ik was nog geen vijf jaar oud toen ik daar een balletje mocht meetrappen. Wij waren bij ons thuis van DOS. En Holland was de rivaal.

Die twee clubs zijn begin deze eeuw gefuseerd – dat was even slikken – en later volgde nóg een fusie, met Stichtse Boys. En zo ontstond in Ondiep de huidige club DHSC: DOS-Holland-Stichtse Boys-Combinatie. In 2007 kreeg DHSC een nieuw sportpark, dat in 2019 naar mij is vernoemd.

Tot een jaar of vier geleden ben ik weggeweest van het voetbal in Ondiep. Te ver weg, in het buitenland. Maar op een dag wilden Ronald Berrens en mijn beste vriend Kaay met mij praten over de zorgelijke situatie van DHSC. De club, een tweedeklasser toen, had 15.000 euro schuld en dreigde om te vallen. Die schuld heb ik geregeld en met elkaar hebben we meteen een plan gemaakt om met DHSC de top van het amateurvoetbal te halen.

Vanaf het eerste moment voelde het als thuiskomen.

Zodra ik door het hek rijd, voel ik me thuis. Geborgen en veilig. Net als vroeger. En vroeger is het heden geworden. Ik ben weer clubman en nu ook manusje-van-alles. Mensen schieten me overal voor aan. En, eerlijk is eerlijk, ik bemoei me ook overal mee. Ik ben terug van lang weggeweest en dat zullen ze hier weten ook.

Als jongetje voetbalde ik de godganse dag buiten en ik vond het super om bij DOS in een elftalletje op te draven. Samen met de broertjes Van de Tier, met Roberto en Dominique. We wonnen wedstrijden met 22-0 en 24-0. Met een schuin oog keek ik naar Holland, waar destijds Willem van Hanegem trainer was, en onder anderen Gert Kruys, Bert Aipassa en Gert van Hanegem, Willems zoon, speelden.

Bij DOS leefde ik toe naar de maandelijkse clubtoernooitjes. Gemengde toernooitjes, met spelers tussen de vijf en tien jaar en spelers tussen de tien en vijftien. De winnaars kregen een zak snoep. Die wilde ik per se winnen.

Jeffrey speelde al bij DOS, na mij kwam ook Rodney. Ik was het jochie van de club. Als pupil van de week liep ik voor de wedstrijd van het eerste met de aanvoerder het veld op. Dat was William van der Kaay, achttien jaar ouder dan ik, nu mijn beste vriend. Toen bij DOS keek ik tegen hem op.

Ik leefde voor voetbal en voor DOS. De hele familie leefde voor voetbal en hoopte op een profcarrière voor ons.

Terug na al die jaren in het buitenland leerde ik mijn Ondiep weer kennen. Het was een schok om te horen dat zeker honderd gezinnen van de voedselbank leefden. Nog steeds. Zo is de Stichting Ondiep ontstaan, waarin mijn vader actief is en waarvoor we jaarlijks geld inzamelen tijdens het Wesley Sneijder Gala.

Dit is niet uitsloverig bedoeld, maar we willen gewoon iets terugdoen. Wij zijn ook volksmensen en wij hebben mazzel gehad. En als zoons hadden wij het geluk dat onze ouders er alles voor over hadden om ons te laten slagen. Anderen hadden die mazzel niet.

Daarom delen we kerstpakketten uit in de kantine van DHSC. Daar krijgen we een lach voor terug. En waar nodig helpen we jongeren en 65-plussers. Ook ondersteunen we kickboksers en worstelaars, die best talentvol zijn maar niet de kansen krijgen die ik wel heb gehad. Laatst kreeg ik een berichtje van de vader van een jonge worstelaar. Die knul had gewonnen in Hongarije en zijn vader was erbij.

Het zou raar zijn als ik niet her en der zou bijspringen. En ik hoef daar geen kapsones van te krijgen. Ze praten me ook niet naar de mond, terwijl ik toch een lastig baasje ben. Ik denk me overal mee te moeten bemoeien en overschat mezelf weleens. Dan trekken ze echt aan mijn *jassie* hoor.

Het enige dat ik terug wil voor het geld dat ik in de club steek is ambitie. Omdat ik zelf ambitieus ben. En met deze club wil ik graag hogerop. Belangrijke voorwaarde is dat de accommodatie verbetert. We hebben drie velden, van niet al te beste kwaliteit, waar we lang niet altijd op kunnen trainen. Daarom hebben we noodgedwongen een ledenstop. Dat vind ik heel erg en bij de gemeente dring ik erop aan ons te helpen met betere velden, betere verlichting en meer faciliteiten voor de jeugd.

Omdat we als club aan een opmars bezig zijn, krijgen we ook meer jeugdige aanwas van buiten Ondiep, waarvoor we nu helaas nauwelijks plek hebben. Maar het zegt wel veel over hoe DHSC steeds meer een begrip wordt, binnen en buiten de stad.

Met het eerste elftal zijn we van de Tweede Klasse naar de Hoofdklasse gepromoveerd, ondanks de gebruikelijke problemen bij een club in ontwikkeling; nieuwe spelers, groeipijntjes, organisatieproblemen. Op termijn wil ik graag met DHSC naar de Tweede Divisie, via de weg der geleidelijkheid, wat eigenlijk niet mijn weg is.

Mijn aard is dat ik alles snel wil. Te snel, zegt de voorzitter, Hans Berrens, weleens. Als het eerste verliest, kan ik helemaal gek worden. Zeker als ik de instelling niet goed vond.

Dan kan ik hard zijn en ben ik even niet meer die lieve Wesley...

Alles wordt voor die spelers geregeld. Vóór de wedstrijd soms een brunch bij Van der Valk, leuke avondjes uit, goede overeenkomsten. En natuurlijk een geweldige derde helft; dan gaan we vaak naar de ouwe *Murk*, dat heet nu Eetcafé

1899, pal bij de Anton Geesinkstraat. Dat is altijd een ongekend feest. Typisch Ondiep.

Elke dinsdag en donderdag ben ik van vijf uur in de middag tot elf uur in de avond op de club. Op vrijdagavond komen de eerste zenuwen voor de wedstrijd van zaterdag. Dan stap ik echt gespannen in de bus, naar een of ander veldje in de provincie.

Ik ben graag een van de jongens en zit als teammanager op de bank. We hebben nu in Gert Kruys als hoofdtrainer een gelouterde trainer en oud-profvoetballer, van de stad Utrecht. Een echte professional, die zijn pappenheimers kent en die spelers beter kan maken.

Met DHSC geef ik invulling aan mijn dagelijkse bestaan. Verder heb ik het hartstikke druk met mijn bedrijven in China, V Sport en Sport 8. Ik ga ook weer wat doen met het restaurant op Ibiza en ik ben ambassadeur van de KNVB voor het EK 2020.

Maar dat ik nu bij DHSC betrokken ben, moest zo zijn. Terug naar vroeger, naar waar het allemaal begon. Mijn zoon Jessey voetbalt hier ook. Die moet bij een goeie club voetballen. Dat is DHSC. En DHSC wordt alleen maar beter. Daarom heet het hier ook het Wesley Sneijder Sportpark.

***

Wesley en ik begrijpen elkaar. Niet altijd, maar in dit geval wel. Omdat het over zijn cluppie gaat. Zijn passie voor DHSC is voor de buitenwacht net zo onbegrijpelijk als mijn passie voor Alphense Boys. Veel mensen kunnen zich niet voorstellen dat hij, als wereldburger in het profvoetbal, zenuwachtig is voor een uitwedstrijd van DHSC bij Achilles Veen. Voor mij is dat juist heel herkenbaar. Ik rijd ook zuchtend en zwetend van Alphen naar Hoogeveen om onze 'Boys' te zien ploeteren. Zijn ambities met zijn club zijn groot en, zoals ik ook weet, vaak onhaalbaar. Maar types zoals hij en ik blijven het doen: hangen, kletsen, drinken en hopen in je eigen kantine. Met soortgenoten.

Ditmaal zitten we in zijn skybox in Stadion Galgenwaard. Wesley met broers Jeffrey en Rodney. Ze gaan straks een wedstrijd van DHSC terugkijken. De hele wedstrijd. Die ze twee dagen eerder met 1-0 hebben verloren. Het moet beter, of anders. De Sneijders willen snel vooruit. Sportpark Wesley Sneijder, zoals het complex inmiddels heet, moet een waar amateurvoetbalbolwerk worden. Wesley, net terug van jaren in het buitenland, gaat nooit meer weg. Logisch.

De Sneijdertjes

Mijn moeder hoeft echt niet tegen mij te zeggen dat ik niet met een aangeschoten kop boven op een auto moet springen. Dat weet ik zelf ook wel. Bovendien, haar blik is voldoende.

Zo gaat dat bij ons: de mannen zijn uitgesproken, mijn moeder is ingetogen. Maar ook zonder woorden weten we wat ze wil zeggen. Ze is een binnenvetter, die haar emoties niet toont. Misschien dat ze daarom ook hartproblemen heeft. Onze moeder leeft voor haar gezin, voor haar familie. Wanneer een van ons iets overkomt of iets wordt aangedaan, klimt ze op de barricaden. Altijd zo geweest. Wanneer er iets over mij wordt gezegd of geschreven dat volgens haar niet klopt, barst ze los. Te veel. 'Ma, laat gaan,' zeg ik dan. 'Morgen is weer een andere dag en overmorgen beweren ze weer wat anders.' Mijn moeder is dan meer aangedaan dan ikzelf. Dat zal wel zo blijven.

Met Yolanthe kan ze wel praten. Dat zeggen ze alle twee. Kijk, de Sneijders hebben natuurlijk een bloedband, voor altijd. Wij laten elkaar nooit vallen. Maar diepgaand met elkaar praten? Moeilijk. Yolanthe en mijn moeder kunnen dat wél. Over wat precies zeggen ze mij niet, maar mijn moeder kijkt dan wel op een bepaalde manier naar me. Ze heeft haar mening en uit haar blik kan ik afleiden dat ze het lang niet altijd met me eens is. Maar ze zal me altijd steunen, in voor- en tegenspoed. Ik haar ook, natuurlijk. Ik zie mijn vader en moeder nu vaker, omdat ik in Utrecht woon en werk en dat is goed. *Effe* snel een bakkie doen. Ze krijgen het ook voor hun kiezen. Eerst overleed Ria, de zus van mijn moeder. Kanker. Yolanthe en ik waren erbij, op de laatste dag van mijn tante; ze werd gewassen, mooi aangekleed en nam trots afscheid. Zo treurig. Zo hard ook voor mijn moeder.

Een jaartje daarna, vorig jaar, werd bij mijn vader kanker geconstateerd. Blaaskanker. We hoopten op een zo mild mogelijk scenario. Mijn vader sprak uit dat hij per se geen stoma wilde. Maar hij kreeg die stoma wel en vervloekte 'dat zakje' aanvankelijk. Hij schaamde zich, zoals zoveel mensen met een stoma. Nu is hij er redelijk tevreden over, hij kan ermee overweg. Het redt mijn leven, vindt hij nu. Mijn moeder kreeg ook daardoor veel te verwerken; en dat doet ze als vanzelfsprekend.

Ze zijn geliefd, mijn ouders hebben veel vrienden. De deur stond altijd bij ze open. Voor iedereen. Wit, zwart, Marokkaan, Turk, dat was nooit een punt van discussie. 'Er zijn overal goeie en slechte mensen,' zei mijn moeder altijd. 'En de goeie zijn in de meerderheid,' zei ze erachteraan. Al namen Jeffrey en Rodney en ik tien gasten mee naar huis, dan nog was het goed. Iedereen kreeg een boterham en een glas melk.

En we kenden dus geen luxe. Maar dat was niet erg. Ik heb nooit gemerkt dat we iets tekortkwamen. Het besef dat we het financieel moeilijk hebben gehad, kwam pas later. Bij Jeffrey, Rodney en mij draaide het om voetbal en kattenkwaad. Ik kan me niet herinneren dat mijn moeder tegen me zei: *Kom even zitten, Wesley, dan nemen we even door wat er mis is gegaan*. Nee, dat deden mijn vader en moeder kort maar krachtig: 'Kan jij je niet een keertje gedragen voor met die stomme kop van je!' En dan liepen we een tijdje niet de polonaise...

Voetbal was ons houvast. Jeffrey was goed en doorliep de hele Ajax-opleiding. Hij speelde met Maarten Stekelenburg en Rafael van der Vaart. Maar hij had zo verdomde veel pech in zijn laatste periode in de jeugd. Kruisband links gescheurd, kruisband rechts, zware enkelblessure. Dat was zijn leven en hij wist dat-ie het daardoor niet ging redden. Hij speelde nog wel bij Stormvogels/Telstar – met Ajax heb ik nog tegen hem gespeeld – en daarna voor RKC en Den Bosch. Maar hij kwam die kutblessures nooit te boven.

Op een gegeven moment verloor hij de moed, en daardoor de discipline. Toen hij weer eens een keer in het gips zat, kwam ik van boven de huiskamer in en zag ik daar die gipspoot staan, los tegen de muur. 'Waar is-ie?' vroeg ik aan mijn pa. Was Jeffrey de stad in gegaan, hij was het zat. Het moet ook vreselijk voor hem zijn geweest. Voor hem, voor mij en later voor Rodney, was voetbal dé kans. Op een loopbaan, op enige luxe, op een toekomst. Jeffrey raakte gefrustreerd en ging op stap. Hij had zich negen jaar de pleuris getraind bij Ajax en dan levert dat door die blessures niks op.

Ik heb bij Jeffrey nooit iets van jaloezie gemerkt jegens mij. Hij was trots op zijn jongere broer. Maar hij was wel zijn houvast kwijt. Bij Rodney lag het weer anders. Die is zes jaar jonger en had mij als voorbeeld. Hij werd ook vaak met mij vergeleken. Stomvervelend, maar zo gaat dat. Rodney was ook goed. Hij speelde in de A1 van Ajax bij Frank de Boer en had een driejarig contract. Ik vond Rodney ongeduldig. Hij wilde snel een serieuze kans in het eerste, maar hij kon niet wachten en koos voor FC Utrecht. Ik was erbij toen hij in augustus 2011 scoorde bij zijn Eredivisiedebuut, in de Galgenwaard, tegen Roda JC. Geweldig. Een jaar later, bij RKC, scoorde hij twee keer tegen PSV.

Rodney kon niet zo goed tegen kritiek en werd ook doodziek van die eeuwige vergelijking met mij. Hij was ambitieus en had altijd haast. Hij koos voor Almere, speelde nog een tijdje in Schotland, bij Dundee United, keerde terug bij FC Utrecht en speelt nu bij DHSC. Hij heeft ook veel last gehad van blessures.

We zijn nu samen, bij onze club. Rodney kan nog steeds niet goed tegen kritiek. 'Je hoeft mij niet te zeggen dat ik een kutwedstrijd heb gespeeld,' zegt hij dan tegen me. 'Weet ik zelf ook wel.' Maar ik zeg het hem toch, want ik zeg het ook tegen andere spelers.

Mijn moeder gaat niet mee naar wedstrijden. Vroeger al niet. 'Er is thuis nog een hoop te doen,' zegt ze dan. Maar dat komt ook doordat ze een keertje, in Utrecht, heeft meegemaakt dat ik de hele wedstrijd verrot werd gescholden. Dat trekt ze niet. Ze wacht liever tot we terug zijn. Ouders maken zich altijd zorgen. Ook al zijn de kinderen volwassen, of wat daarvoor doorgaat. En de zorgen om ons blijven.

Mijn ouders hebben nu honden en zorgen voor de katten in de buurt. Dat kon niet toen wij nog thuis woonden... Ze heeft nu ook dagelijks twee eenden op bezoek, die op de stoep staan om gevoerd te worden. Daar geniet ze van, dat geeft haar rust. Ze heeft genoeg meegemaakt.

Ik doe niemand tekort als ik zeg dat ik financieel voor mijn broers ben opgekomen. Nu nog steeds. Logisch toch? Ik kon het doen. En zij hadden andersom hetzelfde gedaan. Alleen is het nu wel even anders. Het komt bij mij niet meer met bakken tegelijk binnen. Jeffrey en Rodney moeten dat wel beseffen en zelf een opzetje maken over hoe hun verdere leven eruitziet. Ja, dat zeg ik gewoon hardop. Vooral tegen hen. Maar of ze luisteren... Voor mijn ouders ligt dat anders, die hebben krom gelegen voor ons. Om voor ons te zorgen. Die deden alles voor onze carrières. Zonder middelen. Daarna heb ik ze dingen terug kunnen geven en ik hoef nergens een bedankje voor. We gaan het gewoon nog lang volhouden, samen.

* * *

Ze zijn tegenwoordig heel vaak samen, de Sneijdertjes. Het trio. De Daltons, noem ik ze wel. En dan is vader Barry de vierde Dalton. DHSC is hun vaste verzamelpunt, waar Wesley zowat de scepter zwaait, Jeffrey trainer is en Rodney speelt. De broers zijn vaker dan ooit bij elkaar en bij hun ouders thuis, omdat ze inmiddels allemaal in en om de stad Utrecht wonen. Ze zijn ook vaak bij FC Utrecht, waar Wesley nu op de vierde etage van het stadion een skybox huurt. Daar nodigt hij bij elke wedstrijd van de FC weer een andere groep vrienden en kennissen uit. Soms zijn ze wel in de box, maar missen ze de wedstrijd. Dan zijn persoonlijke zaken veel belangrijker. Rodney is echt de jongste, Jeffrey de analyticus, Wesley de meest dominante. Ze konden alle drie heel goed voetballen. In die box praten ze een beetje over het verleden, soms over het heden, maar vooral over de toekomst. Over hoe hun amateurcluppie het zal gaan doen. Dan vind ik de broers op hun best. Gewoon voetbalgek. Net als vroeger thuis, in Ondiep.

Corona

Het is begin april 2020. Sinds de coronacrisis ons leven beheerst, zit ik vanaf de negentiende etage vaak voor me uit te turen, starend over de weilanden. Dit lijkt voorbestemd, alsof een hogere macht het zo heeft bedoeld. En we worden hier allemaal slechter van. Maar niet op alle manieren. Ik hoor niets meer over protesterende boeren, woedende Catalanen of gele hesjes. We zitten allemaal in hetzelfde schuitje, het gaat nu veel meer over solidariteit en samen optrekken. We houden ons netjes aan de opgelegde regels. Ik ook. En dat met mijn gebrek aan discipline. Maar het moet, in ons aller belang.

Ik ben er verder rustig onder, maar ik mis wel veel. Mijn voetbalcluppie, de thuiswedstrijden van FC Utrecht. En ik mis de restaurants, mijn natje en mijn droogje, mijn sociale contacten. Ik mis drukte om mij heen. Het niet naar Amerika kunnen reizen. Mijn afscheidswedstrijd op 3 juni in de Galgenwaard gaat natuurlijk ook niet door. Veel oud-ploeggenoten hadden al toegezegd.

Ik ben bezorgd om mijn vader, die kanker had en goed op de weg terug lijkt. Hoe gaat het nu met hem?

Ik ben bezorgd om Yolanthe en Xess, die net op tijd teruggingen naar Los Angeles, maar waar alles nu ook stilligt. Wanneer zie ik ze weer?

Om mijn vriend Kaay en zijn gezin, want hun restaurant is gesloten en ze moeten de spaarpot aanspreken. Hoe lang gaat dat goed?

Ik hoop dat iedereen na deze klotecrisis weer opstaat. Kan opstaan.

Ik zit hier vaak alleen en dan heb ik volop de tijd om ook over dat soort dingen te denken. Piekeren doe ik niet, zo zit ik niet in elkaar. Ik trek 's avonds de dekens over me heen en ik slaap. Ook als er overdag veel is misgegaan ben ik niet kapot te krijgen. Morgen een nieuwe dag, dan trek ik alles wat vandaag fout ging weer recht. Als de echte rasoptimist die ik ben. Dat is wel eens moeilijk voor anderen. Die piekeren wél en vergeten minder snel. Ik heb tegenslagen gehad en verwerkt. Ik heb tegenslagen veroorzaakt en verwerkt. Maar ik weet dat ik ze te boven kom.

Dat is ook weleens anders geweest. Zeker. Dan kon ik toegeven aan mijn eigen ellende, of zwakte. Maar van Yolanthe heb ik geleerd: pluk de dag. Nieuwe ronde, nieuwe kansen. Je krijgt elke dag de kans om opnieuw te beginnen. Mensen zullen me nooit somber zien. Dat is geen houding. In mijn eentje ben ik ook niet somber. Ik houd mezelf aan de gang, ik zorg ervoor dat ik bezig blijf.

Ik heb mijn ouwe hobby weer opgepakt. Koken. Dat vind ik hartstikke leuk. Een goed stukkie vlees, aardappelen, groente. Hollandse pot. Niks bijzonders, maar ik kan daar uren mee bezig zijn. Dan nodig ik vrienden uit, dekken we de tafel en eten en lullen we urenlang.

Ik ben bevoorrecht en kan me dingen veroorloven. Anderen niet, en nu nog minder. We zijn als familie nooit vergeten waar we vandaan komen. Vandaar mijn Stichting Ondiep, waar mijn vader en broertje Rodney veel werk voor doen.

Via de stichting vernamen we dat veel gezinnen in Ondiep die van de Voedselbank leven, geen maaltijd meer konden krijgen. Zij zijn afhankelijk van wat restaurants over hebben of van wat supermarkten wegdoen. Maar ook dat viel stil. Toen zijn wij in actie gekomen en dan is het een voordeel dat je BN'er bent. Soms spuug ik op dat BN'er zijn, maar in tijden van corona niet, want het opent deuren voor de mensen die het nodig hebben.

Ik kreeg te horen dat 150 gezinnen in Ondiep per gezin één stukje vlees per dag moesten verdelen. Onwerkelijk. Natuurlijk zijn er mensen door hun eigen schuld in de problemen gekomen, maar het merendeel niet. Dan mogen de goeden niet onder de kwaden lijden. We hebben voedsel ingezameld, pakketten gemaakt en die uitgedeeld. Daar deed een zootje Marokkaanse gasten aan mee, vonden ze heel normaal. Ik ook. Deze actie liep via Gert Lukassen, tevens shirtsponsor van FC Utrecht, die zei dat veel mensen in zwaar weer zaten. Er ontstond een sneeuwbaleffect. De veiling in Aalsmeer leverde groente en fruit, Van Kooten Vleesgroothandel uit Montfoort deed mee, Hermans Schoenen stapte in, vrienden en kennissen meldden zich, Michael van Gerwen wilde doneren en Mark van Bommel wilde in Meerssen (Limburg) iets vergelijkbaars opzetten.

Verder maak ik dit liever niet groter dan het was. Het ging om iets kleins, waar de lokale pers lucht van kreeg en voor we het wisten stond *RTL Boulevard* voor de deur. En *Jinek* wilde mij graag in de uitzending om over dit initiatief te praten, maar dat podium wilde ik absoluut niet. We hielpen mensen uit Ondiep een beetje en zelf hadden we iets om handen. Die landelijke aandacht vond ik overdreven. Het gaf juist een goed gevoel om dit klein te houden. En vergis je niet, zo'n actie kan nogal gênant zijn voor de mensen die het aangaat, daar moet je wel rekening mee houden. Zij moeten al die zogenaamde vrijgevigheid ook maar accepteren. Ik kan me voorstellen dat dat moeilijk is.

Ons werk werd ook niet overal gewaardeerd... Toen we met een groepje gasten aan de Amsterdamse Straatweg pakketten stonden in te laden, zagen we op het raam van een woonhuis opeens een groot vel papier hangen. HOUD AFSTAND. OOK JIJ, WESLEY SNEIJDER! Daar zakte mijn broek van af. We deden juist best voorzichtig, ook met die verplichte anderhalve meter. En misschien ging dat soms niet goed, maar om dan meteen zo'n plakkaat op je raam te plakken...

De mensen van *RTL Boulevard* waren daarbij, maar deden er niets mee. Vonden het ook overbodig. 'Wel goed dat jullie eens zien hoe dit gaat,' zei ik tegen ze. Want dit soort haatreacties kan een heel eigen leven gaan leiden. Terwijl onze bedoelingen zuiver waren.

Er wordt in de bladen veel over me geschreven. Dat doet soms pijn. Soms is het waar, vaak niet. Of net niet. Of mensen denken dat je je altijd zo gedraagt, zoals die ene keer in mijn leven dat ik op het dak van een auto ben gesprongen. Ik praat dat niet goed, maar mensen denken meteen dat je zoiets wekelijks doet. Alsof ik daar de kracht voor heb...

Louis van Gaal zei ooit tegen me: 'IN DE BLADEN STAAT DAT JIJ IN ISTANBOEL IEDERE NACHT UITGAAT'

'Dus je gelooft dat alles klopt wat in de bladen over mij staat? Moet ik dan ook alles geloven wat over u wordt gezegd en geschreven?'

Ik heb tot dusver wel maximaal geleefd. En ik heb ook anderen laten leven. Ik weet dat mensen vinden dat ik veel te veel geld weggeef. Kan dat? Te veel weggeven? Ik kwam uiteindelijk in de situatie dat ik het kon. En natuurlijk ben ik misbruikt. Of heb ik me laten misbruiken. Of ging het economisch opeens ergens mis.

Op Ibiza zijn ze nu bezig mijn restaurant te verbouwen, maar die investering loont zich voorlopig natuurlijk niet. In Turkije heb ik in nieuwe appartementen geïnvesteerd;

dat project loopt nog. En zo heb ik op allerlei manieren geld verloren, 10 tot 15 miljoen euro. Vreselijk, ja, maar niet dodelijk. Ik heb nog wat over. Al komt er nu niet veel meer binnen. En ik ben pas 35, ik moet nog even.

Zelf heb ik daar financieel nog weinig last van; de mensen die mijn zaken doen misschien wel. Het is droevig en klote, maar ik moet en wil gewoon door. Mijn omgeving moet wel weten en beseffen dat er tegenwoordig minder binnenkomt dan eruit gaat. Dat geldt ook voor mijn familie. Ik heb veel voor ze kunnen doen, maar zij zien best wel dat mijn situatie financieel nu anders is dan een paar jaar geleden. Er kan veel als het geld met bakken binnenkomt, maar we zitten nu in een andere fase.

Ik leef van dag tot dag en heb niet alles met mijn volle verstand gedaan – wel véél. Maar soms stond het verstand op nul. De fouten die ik op die momenten heb gemaakt, kan ik alleen mezelf kwalijk nemen, ook mijn zakelijke fouten.

Ik ben ook zo verdomde eigenwijs. Ik heb altijd het gevoel dat ik alles zelf kan, en beter dan wie dan ook. Dat bleek niet altijd waar, maar ik stap gemakshalve snel over mijn eigen fouten heen en ga nooit met problemen naar bed. Dat heeft ook met mijn naïviteit te maken. *Zo erg is het toch allemaal niet*, denk ik dan. Terwijl anderen langer in een bepaald gevoel blijven hangen. Logisch, lastig.

Er klinken geluiden dat ik veel verkeerde vrienden zou hebben. Onzin. Andere vrienden misschien. Volksjongens.

Zoals ikzelf. Maar het is natuurlijk niet leuk om door het slijk gehaald te worden door wat je bent en met wie je omgaat. Ik probeer die berichten te negeren, maar er zijn altijd mensen die je er vriendelijk op wijzen... Sommige mensen geloven alles wat er wordt geschreven en gezegd. Ik schijn het ook met zo ongeveer half Nederland gedaan te hebben. Alsof ik daar de tijd voor heb...

Maar helaas hechten andere mensen wel waarde aan die berichten. Ik kan en moet me vasthouden aan de prettige dingen, de positieve dingen. En dat doe ik dus ook. Niemand hoeft over mij in te zitten, ik sta altijd weer op.

* * *

Wesley en ik ontmoeten elkaar deze dagen weinig. De ene keer heeft hij wat, de andere keer durf ik zelf niet. Ik behoor tot de kwetsbare groep. Maar deze keer is het gelukt en praten we lang in zijn flat. We zitten ver van elkaar. Buiten is het doodstil. En helder. Van negentien hoog kunnen we kilometers overbruggen. Weilanden en sportvelden. Ik ben een tikkie somber. Wesley niet. Die is zowaar een keer rustig en ingetogen. Ik vind hem, voor zijn doen, haast filosofisch. Hij lacht me uit. 'Ik ben niet altijd oppervlakkig.'

Yolanthe

Yolanthe en Xess Xava zijn in Los Angeles, ik zit in Utrecht. We hebben bijna elke dag contact. De bedoeling was dat we af en toe naar elkaar toe zouden vliegen, maar daar komt door corona niets van terecht.

Dan maar Facetimen. Laatst babbelde ik met Xess, die in de huiskamer zat. Achter hem aan de muur hing een foto van ons drietjes. Toen brak ik. Het normale leven en het geluk waren opeens heel ver weg. Onbereikbaar. Waren we maar een normaal gezin.

Yolanthe en ik besloten al snel dat we een kind wilden, nee, dat we *kinderen* wilden. Dat lukte maar moeizaam. Yolanthe heeft een intensieve behandeling gevolgd en kon daarna op de natuurlijke manier kinderen krijgen. Bij mij was het niet honderd procent in orde. Een geweldige domper. Des te groter was de blijdschap toen het uiteindelijk lukte; na een behoorlijk lang traject hadden we toch een gezin.

Van de bijna twaalf jaar dat we elkaar kennen, zijn we tien jaar getrouwd.

Ik heb al verteld over hoe we met elkaar in contact kwamen, nadat ik haar nummer had gevraagd aan die fotograaf.

Onze eerste ontmoeting was in het Amsterdamse Bos. Ik was over vanuit Madrid en we kozen voor die plek, juist omdat we elkaar niet goed kenden. Als we ergens in een restaurant of bar hadden afgesproken, was dat direct in de publiciteit gekomen. Ik leende de auto van Kaay en nam twee glazen en een fles wijn mee. Dat was erg leuk. Yolanthe is daarna naar haar huis gegaan, ik naar het mijne. Met de afspraak dat we elkaar weer zouden gaan zien.

Die glazen had ik trouwens in de auto laten liggen. De volgende dag greep Mitchell, de zoon van Kaay, bij het wegzetten van de auto met zijn hand in die glazen. Lag zijn hand open. Boos dat-ie op me was...

Na die ontmoeting hadden we nog meer contact met elkaar en de gevoelens voor elkaar werden steeds sterker. Een tijdje later hebben we, met vrienden en vriendinnen van haar en mij, in Amsterdam wat gegeten. Bij het afscheid zoende ik Yolanthe voor het eerst in een parkeergarage. Het was mooi en voelde heel bijzonder. Een foto van de kus haalde *RTL Boulevard*, waarna het hele mediacircus op gang kwam. De directie van de garage betreurde de gang van zaken, want die wist ook dat onze privacy was geschonden. Iemand die daar werkte had de beelden verkocht. Later hebben we nog 25.000 euro schadevergoeding ontvangen, die we hebben gedoneerd aan *Free a Girl*, de stichting die Yolanthe in 2008 heeft opgericht. .

Na twee à drie maanden vroeg ik Yolanthe om Nederland en haar vrienden en familie te verlaten om bij mij in Madrid te komen wonen. Hierdoor moest ze ook haar werk als actrice op een laag pitje zetten, voor mij. We gingen de uitdaging samen aan. Een uitdaging, omdat we wisten dat we een showbizz-koppel gingen vormen, met alle aandacht van dien. Natuurlijk, dat hoorde bij ons bestaan, maar we realiseerden ons toen al dat we absoluut ook door mensen met verkeerde bedoelingen zouden worden achtervolgd.

Alles ging geweldig. In het veld, buiten het veld. Yolanthe gaf me vanaf de eerste dag vleugels, ik voelde me ijzersterk en gelukkig. Tussen kerst en oud en nieuw, van 2009, maakten we met familie en vrienden een reis naar Dubai. Zaten we met vijftig mensen in een charter van Transavia. Ik was heel zenuwachtig want halverwege heb ik Yolanthe ten huwelijk gevraagd. Dat bleek hoog boven Istanboel te zijn, waar we een paar jaar later samen nog terechtkwamen. Dubai werd een geweldige trip. Het zat goed in de familie, het kon niet beter tussen ons en het liep fantastisch met het voetbal.

Yolanthe was hot in Nederland. Ze kreeg heel veel opdrachten als actice en presentatrice. Ik had daar moeite mee. Dat was voor haar natuurlijk ook niet makkelijk, maar ze wees vrijwel alles af. Ik had haar nodig. 'Ik volg jou,' zei ze. 'Nu telt jouw sportieve loopbaan. Later komt misschien de mijne wel.' Dat klinkt nu enorm romantisch, maar zo ging het. Zij cijferde zich weg. Voor mij en mijn voetbal. Dat wegcijferen deed en doet ze ook voor anderen, via haar liefdadigheidswerk maar ook daarbuiten staat ze voor iedereen klaar. Vanwege haar werk is publiciteit normaal en noodzakelijk, maar daardoor ontstaan er ook meningen en wordt er een beeld neergezet dat niet klopt met de werkelijkheid. Voor mij vaak moeilijk te aanschouwen. Soms dacht ik: als men haar toch eens zou kennen zoals ik dat doe. Zelf laat ze het meeste langs zich heen gaan. Yo heeft me vaak gekalmeerd wanneer de leugens en de hatelijke artikelen in de media me te veel werden. Gelukkig weet ik ook dat er veel mensen zijn die beter weten.

Yolanthe kreeg zelfs een goed en langdurig contract aangeboden bij CAA, Creative Artists Agency, een grote agent in Amerika. In eerste instantie geweldig! Ze kreeg direct allerlei audities aangeboden, waarop al snel een rol in een grote Amerikaanse speelfilm, *Pain & Gain*, volgde. Daarvoor moest ze een paar weken in Amerika filmen. Ik was blij voor haar, maar merkte ook dat ik er moeite mee had. Niet veel later kreeg ze na vijf auditierondes een hoofdrol aangeboden in een grote Amerikaanse serie. Ze zou voor zeven jaar moeten tekenen. Maar dat legde ze naast zich neer, een contract voor zeven jaar... Ik ging vóór, klootzak die ik was. Pas na mijn voetballoopbaan zouden we naar Amerika gaan. Pas dan, als die mogelijkheden er nog steeds waren, zouden we voor háár carrière gaan.

Dat maakt mijn schuldgevoel nu natuurlijk alleen nog maar groter. Want het ging mis. Door mij.

Er waren feesten en partijen, wanneer Yolanthe er niet was, met vrienden, foute vrienden, met vrouwen en drank. Het liep allemaal behoorlijk uit de hand. Eerst zat ik daar niet eens mee, omdat ik vond dat het niets voorstelde. Gewoon een mannenavondje, zo zijn wij soms. Mijn lichaam was daar, maar mijn hart altijd bij Yo. Ik had plezier en daar ging het om. Ik was het de volgende morgen al vergeten. Terwijl ik aan het feesten was, stond Yo te werken op een set in Nederland of was ze in de weer met de zorg voor mijn twee zoontjes. Ze zette zich volledig in als bonusmoeder voor mijn eerste zoon Jessey. Hij was net twee jaar oud toen Yolanthe in mijn leven kwam. Ik had hem toen al negen maanden niet gezien. Yo bracht daar verandering in door te praten met zijn moeder en dat tot op de dag van vandaag te doen. Zonder haar had ik hem misschien jaren niet gezien. Ze vloog van land naar land om hem op te halen en na een paar dagen weer veilig thuis te brengen. Niets was haar te veel. Wanneer ze thuiskwam hoorde ze via via vervelende verhalen over mij. Omdat Yolanthe me vertrouwde bleef het bij vragen over die verhalen en geloofde ze me op mijn woord. Maar de avonden werden erger en de verhalen dus ook. Ik zag de pijn en het ongeloof in haar ogen, ik kon haar nog amper aankijken. En zo waren de rapen gaar. 'Praat met me,' zei ze. 'Wat mis je, Wes, waar schort het aan? Wees eerlijk.'

Ik ben uiteindelijk, na heel veel leugens en gedraai, eerlijk geweest en heb alles opgebiecht. Dat lijkt me niets iets om tot in de details met de hele wereld te delen. En zoals ik het daarna in de media heb gezegd, was het ook: ik heb het verknald. Ik mis niks bij Yolanthe, er is niks mis met haar. Wat het wel is? Roem, ego, geld. Macht. Lust. *Kijk eens, wat ik allemaal kan, durf, doe.* Machogedrag. Dat telt, in mijn wereld, in onze wereld. Ik was die man.

En ja, de pijn komt achteraf. Vooral omdat ik die pijn zag bij de vrouw van mijn leven. Ik heb het niet over een paar schoonheidsfoutjes, het gebeurde ook niet in een korte periode. Het waren niet alleen de feestjes, het was ook mijn temperament, waardoor ik Yo niet altijd behandelde zoals het hoort. Achteraf had ik spijt. Ik overtuigde haar me te vergeven en ze gaf me die kansen.Maar ik bleef met de foute vrienden omgaan, waardoor het me niet lukte. Yolanthe is gelovig en heeft als kind veel verdriet gezien en meegemaakt, ondanks dat besloot ze me niet in de steek te laten. Ze wilde me helpen, in voor- en tegenspoed, zei ze dan. Maar mijn ego stond in de weg. Na een lange tijd besloot ze niet meer over zich heen te laten lopen. Ze kon het niet meer. Ik zag het aan haar. Ik was mijn droomvrouw en gezin kapot aan het maken. Yolanthe gaf aan dat ze echt van deze imbeciele man houdt, maar dat ik het inderdaad echt had verknald.

Ik kon en kan moeilijk praten over hoe het zo is gekomen. Dat is niet mijn sterkste kant, maar het moet af en toe. Wanneer we samen zijn, in Los Angeles of Utrecht, hebben we het erover, sporadisch. Echt hard lachen kunnen we er nog niet om, maar Yo blijft nooit lang boos. Ze is vergevingsgezind, daardoor kunnen we soms ook grappend terugkijken. Daarmee houdt ze me een spiegel voor en dan zijn we bovenal vrienden. Vrienden die ook liefdevolle dingen tegen elkaar zeggen. Dat gevoel verdwijnt niet. Maar we kunnen zaken ook niet ongedaan maken.

Er wordt veel over ons gezegd en geschreven. Ik heb daar soms woest op gereageerd. Dat doe ik niet meer, hoop ik. Mijn reacties helpen ons niet.

Ik ken het gerucht dat wij niet scheiden omdat een scheiding mij heel veel geld zou kosten en ik dat wil voorkomen. Geld heeft er helemaal niets mee te maken. We hebben allebei onze zaakjes op orde. Yo heeft vaak de klappen van mijn zweep moeten opvangen en geleefd naar hoe ik dacht dat het het beste was. Zij en ik weten zelf heel goed hoe het zit en ik wil daarom ook niet verder in details treden, want het is al pijnlijk genoeg zo. Er is nog geen scheiding, er is ook geen haast, druk of een datum waarop het allemaal moet gebeuren. We leven met de dag. Ik ben al blij dat Yo mij niet volledig uit haar leven heeft verbannen. Als het andersom was geweest, was dat zeker het geval geweest. Yo is een optimist en ik ga honderd procent voor een positieve uitkomst. Het zal niet meer misgaan. Ik geloof daarin. Ik wil dat. Ik moet nog even uitzoeken hoe en wat, maar ik hoop dat we op een dag weer een gezin worden. Na alles heb ik heb minder recht van spreken. Ik ben gelukkig en dat ben ik al die jaren geweest, maar Yolanthe verdient het ook om gelukkig te zijn. Hoe dat er ook uit zal zien.

* * *

5 mei, 2020. Bevrijdingsdag. Ondiep is ingetogen vrolijk. Dit is zijn wijk. Zijn vriend Kaay woont pal naast Wesley's basisschool, de Boemerang. Hier wil Wesley over Yolanthe praten, en over zichzelf, en over Wesley en Yolanthe. Het moest er eens van komen. Hij wilde liever niet. Ik ook niet. Het moet vooral een voetbalboek worden, bespraken wij vooraf. Maar wij wisten dat het anders zou lopen. Wesley Sneijder is publiek bezit, zijn vrouw Yolanthe ook. Het was vaak fijn om een showbizz-koppel te zijn, maar vaak ook niet. Nu effe niet. 'Ik heb het verknald,' bekende Wesley, toen bekend werd dat Yolanthe en hij uit elkaar gingen, of uit elkaar leken te gaan. Na ruim tien turbulente jaren.
Bij elke sessie, waarbij ik zijn verhaal voor zijn eigen boek optekende, sprak Wesley over Yolanthe. Vaak vrolijk, zoals ik Wesley ken, soms treurig, zoals ik hem niet ken. 'Een hoofdstuk moet over Yolanthe gaan,' zei hij dan, maar we zagen ertegenop. We kennen elkaar ook weer niet zo goed dat we volkomen open zijn over veel en van alles. Maar van uitstel kwam geen afstel. Wesley koos zijn meest veilige omgeving. In dat kleine, knusse huis in zijn eigen buurt, bij zijn eigen vriend. Zonnebril op, biertje bij de hand. 'Hier ben ik niet sterk in,' herhaalt hij, wanneer ik mijn iPad erbij pak.

Geen zware dobber

Een vroege, zonnige ochtend langs de Westkanaaldijk. De Porsche Panamera van Wesley Sneijder is een opvallende verschijning in deze landelijke omgeving. Vijftig meter verderop zit hij aan de waterkant, pontificaal op een zwart stoeltje. Witte Nike-sneakers, grijze korte broek, zwart designershirt met witte letters. *Givenchy*. Een hengel in de hand, eentje naast zich in het gras. Tussen zijn voeten staat een emmer met pieren.

Hij zwaait naar me, gebaart dat ik stil moet zijn en wijst dan naar zijn broertje Rodney, twintig meter rechts van hem, verstopt onder een pet, turend naar het water. Een bescheiden groet. 'We doen een wedstrijd,' zegt Rodney, 'omdat alles tussen ons een wedstrijd is.'

Thuis spelen ze poker en ingewikkelde, soms ouderwetse bordspelletjes. De viswedstrijden zijn simpel: wie het meeste vangt. Het maakt niet uit wat; baars, snoekbaars, brasem, voorn. Groot, klein.

Ik mag tussen de broers in gaan zitten. 'Als je maar niet te veel leutert', zegt Wesley. 'Anders ga je maar daar zitten.' Hij wijst naar een versleten picknicktafel, op eerbiedige afstand.

De clan is er ook. Vriend Jacco, de onvermijdelijke Kaay, Hilal Ben Moussa – middenvelder van FC Emmen, die in Utrecht woont – en Dennis Lammerts, schoonzoon van de eens vermaarde aannemer Joop Lelieveld. En Leo, die bij nadere kennismaking over een onuitputtelijke voorraad sterk lokale grappen beschikt. 'Moeten we op anderhalve meter blijven? Dat is een ramp voor FC Utrecht, want die gasten krijgen de bal nog niet over vijftig centimeter goed naar elkaar', waarna hij aanstekelijk schatert.

Deze vrienden zijn in de buurt als de Sneijders bij DHSC zijn, op het Wesley Sneijder-sportpark. Ze juichen mee in de box van Wes bij FC Utrecht, zij eten met hem bij Wills in Nieuwegein en ze zakken met z'n allen door. Nu zitten ze ook aan het Amsterdam Rijnkanaal, ze kijken naar het vissen en houden de score bij.

'Hoezo zwart gat?' zegt Wesley. Ex-prof en vergelijkbaar mediafenomeen Andy van der Meyde, met iets minder interlands, meldt vanochtend in weekblad *Voetbal International* dat hij wel snapt 'wat Wesley doormaakt'. De vrijheid die je opeens hebt om te doen wat je wil. Een heel leven lang met voetbal bezig en nu lekker genieten.

Wesley grijnst naar zijn maatjes. Hij is nooit alleen. Dat wil hij ook niet, zal ook nooit gebeuren. Wesley zegt dat Wesley het druk heeft. Maar nu even niet.

Ze hebben het vissen herontdekt. Als jongetjes zaten de drie broers aan de vijver tegenover het huis van hun oom en tante in De Meern. Met goedkope hengels, uiteraard. Een paar weken terug zijn ze de hengelsportshop binnengestapt. Voor 'eindelijk' een nieuw setje hengels, van 100 tot 150 euro. Niet té professioneel, natuurlijk.

Wesley kent een Utrechtse wereldkampioen visser, John. Die werd nog prof in Engeland en verdiende veel geld. Alle wedstrijden waren live op tv. 'Die gozer had een zootje hengels, kostte duizenden euro's per stuk.' John zei ook dat je alleen succes kon hebben met vissen als je kalm was. 'Nou,' zegt Wesley, 'hier word ik kalm van. Ik denk aan alles en aan niks. Aan wat ik goed en slecht doe. En aan wat ik gedaan heb. Ik zit, tuur en reageer alleen op die dobber. Ik beweeg nauwelijks en de tijd vliegt. Alles wat ze zeggen over vissen is waar; het vraagt geduld en concentratie.'

En dat heeft-ie, urenlang. Rodney ook. Wesley zit iets meer ontspannen op dat stoeltje, Rodney zit voorover geleund en tuurt strak naar het water. De broers mopperen als er weer een binnenvaartschip opdoemt. Dan gaat de hengel met aas uit het water. 'Te onrustig.' Het water golft en ze kijken achtereenvolgens naar een aak uit Delfzijl, een 86 meter lange boot uit St. Philipsland, een volgeladen schip met Noorse naam en Hollandse vlag en naar een vrolijk jacht uit Rotterdam. Handje omhoog naar de bemanningsleden, die hun dek schrobben.

Niemand herkent Wesley. Vorige week wel. Rodney had op Instagram aangegeven waar zij hun hengels gingen uitgooien en prompt verscheen fotograaf Edwin Smulders aan de overkant van het kanaal. Fotootje van Wesley op de voorpagina van *Story*. Onder de titel 'Zware dobber' zat Wesley op zijn stoeltje, in een zwart jack, met onder de foto in grote letters de mededeling dat hij zijn zoontje mist. Die woont ver weg in Los Angeles. Wesley is eraan gewend, iedereen rondom hem is eraan gewend. Nee, dat is niet de keerzijde van de medaille. Het hoort erbij.

Rodney had ook zo beroemd kunnen zijn. Haalde Ajax 1. Als tiener. Ongeduld joeg hem voort. 'Wat ik nu heb, geduld, was me destijds vreemd,' zegt hij er zelf over. 'Nee, ik heb geen spijt. Dat kost energie. Hier zit ik mezelf te zijn, op een visstoeltje. En ik wil nu van mijn broer winnen.'

Dat lijkt hem te lukken. Rodney heeft als eerste beet. Net als een paar weken terug, in een mooie vijver in Geervliet. Daar haalde hij als eerste een regenboogforel binnen. Daarna hengelden beide broers nog talloze exemplaren binnen. 'Maar ik won,' bromt Wesley vanaf zijn stoeltje. 'Maar nu is het 0-1,' countert zijn broer. Een middelgrote brasem spartelt in het net. Hij wordt uitvoerig bekeken. En zorgvuldig onthaakt. Waarna hij weer in het Amsterdam Rijnkanaal wordt teruggeworpen.

Jeffrey is er ook weleens bij. De drie dolle musketiers, zij aan zij aan het water. Zwijgend, meestal. Nogal verrassend, voor velen. Het is goed zo, zeggen ze. Niet alles in hun leven verloopt turbulent.

Wesley foetert wanneer een vis niet bijt, of dat net van plan lijkt te gaan doen, wanneer weer een schuit de rust verstoort; maar hij maakt wel 1-1. 'Een voorn,' zegt hij, die zijn net nauwelijks vult. 'Klein maar fijn en goed voor een punt!' Bijna liefdevol haalt hij het haakje uit de bek van het beest. Daar neemt hij de tijd voor. Hij houdt het nog wel een tijdje vol, hoor, bezweert hij en werpt het spartelende beest kort daarop monter in het water.

Wesley neemt de leiding en loopt uit.

Een snoekbaars met scherpe tanden is de grootste triomf. Wesley poseert daar trots mee voor de mobieltjes van zijn vrienden. 'Weer een overwinning,' pocht hij, tegen zijn broer. Binnenkort gaan ze weer ergens forel binnenhalen en 'thuis lekker klaarmaken en opvreten'. Nu is het teruggooien de sport, de winst is belangrijk, maar niet heus. '5-2 inmiddels, Rodney,' telt Wesley, waarop Rodney zijn nederlaag aanvaardt. Vredig. Anders dan ze gewend zijn. Zelfs de korte voetbaldiscussies hier aan het water zijn soft.

'Logisch dat Frans van Seumeren wat aandelen van FC Utrecht verkoopt, ze zijn toch al zo afhankelijk van hem.'

'Ja, Ajax is tot de terechte kampioen uitgeroepen.'

'Frenkie de Jong wordt heus een topper.'

'Dickie Advocaat sterft in het harnas.'

'DHSC is klaar voor de derde divisie.'

Tonnie van der Linden, de middenvoor, was een grootheid bij DOS. 'Die kwam weleens bij ons thuis, dan werd de vloer vooraf extra geschrobd.'

Wesley was van jongs af aan tweebenig, vertelt Kaay. 'Ik ben puur links,' zegt Rodney. 'Jeffrey weer puur rechts.'

Het gaat vooral nergens over, het vissen krijgt voorrang.

Het duurt mij te lang.

Als ik wegga, scoort Rodney er nog eentje tegen.

Mijn toekomst

Als het echt heel erg slecht met me gaat, word ik voetbalanalist. Dat is tegenwoordig een vak. Wedstrijdje bekijken, aanschuiven in de studio en meninkje geven. Misschien flauw om dat zo te zeggen, te gemakkelijk. Maar zo antwoord ik als iemand mij in die richting zit te pushen...

Ik heb daar gewoon niks mee. Verplicht elke week naar voetbal kijken. Ik kijk best wel veel potjes, maar dan vooral ontspannen, met vrienden. Als analist is het opeens je werk. Moet je nadenken bij het kijken naar een wedstrijd en nadenken over wat je gaat zeggen. En lullen over je ex-collega's. Ik heb daar nog geen trek in, laat ik het zo zeggen. Aanbiedingen zat. Van beIN Sports, bijvoorbeeld. En van commerciële, Turkse zenders. Voor pakweg 7.500 euro per wedstrijd, plus reis- en verblijfskosten. Een of twee wedstrijden in de week. Maar dan moet ik ook weer op pad, reizen en trekken. Dat heb ik genoeg gedaan, daar moet ik nu niet meer aan denken. Althans, voorlopig niet. Misschien dat ik ooit het wereldje ga missen, die gasten van vroeger weer wil zien. Als ik nu een topwedstrijd wil bekijken, ga ik er gewoon heen. Zonder afspraken en verplichtingen. Het analistenwerk zou een vorm van financiële zekerheid geven. Maar ik red me wel, ook op langere termijn.

Ik ben altijd ondernemend geweest en heb altijd nieuwe dingen willen doen. Ik ben ook altijd in nieuwe projecten gestapt. Met wisselend succes, dat klopt. Nou en? Ik hoor en lees herhaaldelijk dat mensen denken dat ik naar de klote ga. Mensen die mij denken te kennen. Mensen die afgaan op uitspraken van, bijvoorbeeld, psychiater Bram Bakker, die gezegd zou hebben dat ik op mijn 50ste aan de drank verslaafd zou zijn. Maar dat was in 2014 en heel kort daarna heeft Bakker die uitspraak al officieel laten rectificeren, hij had dat zo helemaal niet beweerd. Maar dat lezen mensen niet, ze onthouden alleen het negatieve.

Ik ben nieuwsgierig, ondernemend, leergierig. Ik ben ook keihard op mijn bek gegaan. Maar dan sta ik op en ga ik door. In uiterste nood meld ik me wel bij tv-stations.

Ik heb mijn hele leven met spelersmakelaars gewerkt. In die richting wil ik nu zelf ook wat proberen. Niet als makelaar, maar als begeleider. Ik kan jonge spelers echt door die hele jungle heen loodsen. Eerst de talenten opzoeken en ze dan helpen. Vooral bij welke keuzes ze moeten maken. Ik ben, bijvoorbeeld, een groot tegenstander van jongens die op zestienjarige leeftijd al in Engeland of Duitsland zitten. Het risico is te groot dat ze daar verzuipen en uiteindelijk ontgoocheld afhaken. Er zijn absoluut voorbeelden van jongens die slagen, maar van die jongens die niet slagen hoor je nooit meer wat. Hier in Nederland kunnen jonge spelers zich ook heel goed ontwikkelen. Je komt sneller in een eerste elftal en krijgt ook in de Eredivisie voldoende weerstand. Ik ben voorstander van die springplank.

Samen met Jacco Kortenhoever, Tarik, Fouad en mijn vader zijn we bezig iets serieus op te zetten. Waarbij we niet alleen het spelertje, maar ook de ouders willen begeleiden. Die moeten vaak grote beslissingen nemen wanneer clubs hun kind benaderen. Maar weten die mensen veel? Die kunnen zomaar belazerd worden.

Ik ben ook belazerd en genaaid. Zeker weten. Dat gaat zo als er groot geld aan te pas komt. Maar ik werd een goede speler en kon daardoor problemen aan. Ik had al snel genoeg geld en een nieuwe club diende zich altijd wel weer aan.

Ik werd heel jong opgepikt door het bureau van Maarten de Vos: Nr. 10. Hij deed het werk voor een deel ook uit idealisme. Maarten was een ex-sportjournalist en een vriend van de voetballers, die besodemieterde jou niet. Uiteindelijk deed Jan de Koning, oud-speler van Ajax, rechtsbuiten, het werk namens Maarten, samen Jerry de Koning, Jans zoon. Later werd Søren Lerby mijn zaakwaarnemer en daarna Guido Albers. Meer heb ik er niet gehad, ik ben nogal loyaal.

Met Søren liep het contract af en ik heb niet verlengd. Kan gebeuren. Hij is vaak een wereldgozer en we hebben ook erg gelachen samen, maar ik heb hem destijds zelf gebeld dat ik niet verder ging met hem. Het is jammer dat ik hem daarna niet meer gesproken heb, dan zou ik gewoon weer lol met hem kunnen hebben. Ik ben vergevingsgezind. Ik hoop dat anderen dat ook ten opzichte van mij zijn.

Makelaars doen dingen voor een voetballer die een voetballer helemaal niet zelf kan. Vooral veel zaken buiten het voetbal om; verzekeringen afsluiten, sponsorcontracten, tv-deals, verhuizingen regelen, aankoop van een huis begeleiden. Een jonge voetballer moet voetballen, die wil die sores niet aan zijn kop.

Die spelersbegeleiding lijkt mij nu veel leuker dan analyseren voor tv. Ik wil leven, zo veel mogelijk vrij zijn en mijn eigen agenda invullen. Ik moet er nu niet aan denken dat ik voor het begin van een seizoen al weet wanneer ik welke wedstrijden moet gaan zien. Ik sta in de toekomst liever als scout langs de lijn naar een vijftienjarige speler te kijken.

Ik ben ook nog ambassadeur namens de KNVB voor het EK Voetbal in Nederland, nu verschoven naar volgende zomer. En ik doe regelmatig wat voor de UEFA, zoals lotingen. Nee, niet voor het geld, maar voor mijn netwerk. De voorzitter van de UEFA, Aleksander Čeferin, zegt steeds dat zijn deur altijd wagenwijd voor me open staat.

Dan heb ik natuurlijk zakelijke projecten, zoals een appartementencomplex in het hart van Istanboel: Elexa Levent 2. En een restaurant op Ibiza, dat Xaxa heet. We hebben daar ook nog een villa, die we verhuren. Dat restaurant is gesloten, door tegenslagen. Dat project hadden we in meer rust moeten voorbereiden. We moeten het verkopen of opnieuw openen. Maar als we kiezen voor dat laatste, dan wel met toppersoneel. Ervaren krachten. Horeca-mensen uit Nederland. Anders krijgen we het niet goed van de grond, dat hebben we wel geleerd. Het moet een goed, degelijk restaurant worden. Niet zo *over the top*, dat was misschien ook een fout van ons, destijds.

Sinds kort doe ik ook mee aan een nieuw initiatief van Mark van Baal, een Facebook-marketingspecialist, die onder meer via Facebook cursussen en trainingen voor ondernemers gaat aanbieden. Mijn broer Rodney doet ook mee. En zanger Rolf Sanchez ook. Daar wordt onze bekendheid ingezet. En het kost me geen cent, ter geruststelling...

Ik loop niet meer in zeven sloten tegelijk, stap niet meer in alle projecten die op mijn pad komen. Ik ben kieskeurig en heb het druk. Met mijn eigen stichting, met liefdadigheidswerk – wat ik een kutwoord vind. En daar blijf ik zeker ook in de toekomst druk mee.

En dan is er natuurlijk DHSC, mijn cluppie in Ondiep. Daar heb ik de smaak te pakken gekregen. Je kunt ook wel stellen dat ik op stage ben bij DHSC, want ik voel, nee, ik *weet* dat ik zelf ooit trainer zal worden. Ik leer bij deze kleine club het voetbalbedrijf kennen, van binnenuit. Het aanstellen van een trainer, het aantrekken van spelers, de centjes. Het is nu nog een hobby, die mij geld kost, maar het zal mijn werk worden. Zo rond mijn veertigste. En in aanloop daarnaartoe word ik geen assistent-trainer. Daar ben ik te dominant voor. Ik ben ook geen type dat ademloos aan de lippen hangt van de baas. Ik heb te veel jaknikkers in die wereld gezien en wil zelf uiteindelijk een hoofdtrainer worden met juist een heel sterke assistent, die mij weerwoord en richting geeft. Die dingen kan die ik niet kan.

Dat trainerschap is nog een lange weg. Met mijn 134 interlands heb ik wel een voorkeurspositie binnen de opleiding, maar ook ik zal moeten studeren om dat hoogste diploma te halen. Best zwaar, die cursus, hoor ik van collega's, maar gelukkig kan ik goed studeren. Dus dat ga ik doen, op termijn. Maar nu nog geen nieuw keurslijf voor mij. Daar ben ik na al die jaren voetbal net vanaf. Ik ben geleefd en wil in de nabije toekomst vooral leuke dingen doen. Dingen die ik zelf leuk vind. En dat zijn niet altijd louter verstandige dingen.

Maar ik spreek hier wel mijn hoofddoel uit: hoofdtrainer worden van een goede club. En welke club weet ik al: ooit wil ik bij Galatasaray aan de slag. En dat gaat gebeuren ook.

* * *

De toekomst lijkt hem geen moer te interesseren. Hij heeft al heel lang heel intensief gewerkt, vindt hij. 'Mag ik nu effe voor de leuke dingen kiezen?' Hij vindt dat praten over de toekomst het gelul van een oude man. Als-ie het toch doet, alleen omdat het moet. Het irriteert hem. Hij heeft veel meer aan zijn hoofd dan werk en zijn zakelijke toekomst. Maar als zo vaak wordt hij tijdens het praten enthousiast en open. Wesley Sneijder wil hoofdtrainer worden, bij Galatasaray, in Istanboel. 'Beloofd is beloofd.'

De vrienden

Ze zijn altijd bij mij in de buurt. Of misschien wel beter: ik ben altijd bij die gasten in de buurt. Ik ben nooit eenzaam. En wanneer ik dat wel ben, heb ik mijn vrienden. Waar ik ook ben, ga of sta. En hoe ik me ook voel.

William van der Kaay (Kaay, horecaondernemer): 'Hij luistert wel, als je alleen met hem bent.'
Wesley en Mitchell (zoons van Kaay): 'Hij is een van ons gebleven.'
Jacco Kortenhoever (voetbalgek): 'Hij was een van de besten ter wereld.'
Dennis Lammerts (fan van rivaal Elinkwijk): 'Een dromer.'
Fouad Haloti (peetoom van zoon Xess Xava): 'Koppig.'
Uli Rodríguez (tolk bij Real Madrid): 'Een levensgenieter.'
Marcel Klinkenberg (cynicus): 'Tikkie te veel levensgenieter.'
Jeffrey en Rodney (broers): 'Hadden wij zijn mentaliteit maar.'
Jalal Diba (ex-prof): 'Ik zie in hem altijd die grootse speler.'

Deze gasten hebben mij meegemaakt in goede en slechte tijden. Ze waren er altijd, soms om te lachen en soms om te janken. Al hebben we meer gelachen dan gejankt. Het is geen sentimenteel groepje. En ze zijn er nu nog. Dat is vanzelfsprekend.

Kaay: 'Ze hadden het niet breed vroeger, de Sneijders. En ze waren niet de enigen in Ondiep. Het was sappelen. En dan toch je trots bewaren. Die drie zoons hebben best een goede jeugd gehad, maar die jeugd stond wel in het teken van voetbal. Van Ajax dus. Daar lag hun toekomst, hun hoop. Dat vroeg jarenlang om een sterk karakter. Discipline. Doorzettingsvermogen. Pa bracht ze elke dag van Ondiep naar Amsterdam, ma was schoonmaakster in een paar huizen. Ik zie nog hun gezichten toen Wesley als jongetje bij Ajax van zijn eerste geld een nieuwe auto voor ze had gekocht.'

Rodney: 'Wes had een geweldige mentaliteit. Hoe denk je anders dat hij als jongetje al die jaren bij Ajax was doorgekomen? Alleen op talent? Kan toch niet. Hij trainde bij Ajax, hij trainde thuis. Wes was bezeten. Jeffrey en ik waren ook goed, hoor, maar niet zoals hij: wij misten die ene eigenschap: knokken.'

Marcel: 'Dat-ie nog tijd had om al die rottigheid uit te halen!'

Jeffrey: 'Hij maakte tijd voor alles... Wesley is op veel vlakken talentvol. Hij kon heel goed en vlot leren. Nog steeds spreekt hij een aantal talen vloeiend. Hij pikt alles razendsnel op. En vanwege zijn karakter hadden Rodney en ik geen reden om jaloers te zijn.'

Marcel: 'Omdat Wesley niet weet wat kapsones zijn.'

Jeffrey: 'Natuurlijk had ik pijn. Letterlijk en figuurlijk. Ik heb na al die jaren in de jeugd bij Ajax zware blessures gehad. Ik heb ook gedroomd van een rijke loopbaan, maar ik werd teruggeworpen en mijn jongere broer maakte het wel helemaal waar. Ja, jezus, dan ga je een beetje kapot. Maar Wesley sloeg zich niet op zijn borst. Hij was gewoon hartstikke goed en verdiende die loopbaan zelf. Soms is het wel moeilijk de broer van Wesley Sneijder te zijn. Omdat veel mensen je zo zien en noemen. Veel vaker ben ik gewoon trots op hem.'

Fouad: 'Wesley's deur staat altijd open, letterlijk. Voor iedereen. Hij is een beroemde voetballer, bekend over de hele wereld. Maar hij doet niet aan rangen en standen. Hij sleept mij als Nederlandse Marokkaan overal mee naar toe. Dat doet niet iedereen. Ik nam hem een keer mee naar Casablanca. Stonden we bij de douane in een lange rij. Wesley werd herkend. Iedereen vond het belachelijk dat hij achteraan in die rij was aangesloten. De douaniers ook, die wilden hem voorrang verlenen. Maar hij stond daar best, tussen al die mensen. Ik wilde hem de grootste moskee van Casablanca laten zien, de Hassan II-moskee. Ik durfde het hem eerst eigenlijk niet te vragen, misschien vond-ie het wel gek of zo. Maar hij ging mee. En Wesley ging voor de moskee uitgebreid op de foto.'

Kaay: 'Dat heeft hij van zijn ouders. Die zetten hun deur wagenwijd open voor iedereen. Wie of wat je bent, deed er niet toe.'

Mitchell: 'Hij is zo'n gewone man. In het begin keken mijn broer en ik best tegen hem op. De beroemde Sneijder over de vloer, maar daar moet-ie niks van hebben. Hij heeft ons ook aan iedereen voorgesteld. Dan stond ik opeens weer in Madrid naast Guti... Wesley deed dingen, ongekend. Mijn vader en ik waren door hem gevraagd naar Madrid te komen, met de KLM-vlucht van 9 uur 's avonds. Hij was daar maar alleen en dat vindt-ie niks. Maar om 11 uur die ochtend belde hij op. 'Er staat een privévliegtuig voor jullie klaar, om 15 uur op Schiphol-Oost, dan zijn jullie lekker in de vooravond al in Madrid.' En bij aankomst doken we direct de stad en een restaurant in. Daar kwamen we dan ook nog medespelers tegen.'

Uli Rodríguez: 'Wesley nam mij mee als tolk naar Real. Ik heb Spaanse ouders en ben hier opgegroeid. Met hem kon alles. Hij voetbalde, zeker in zijn eerste jaar, heel goed en hij stapte ook goed. Dan gaf-ie de hele zaak een rondje...'

Fouad: 'En moest-ie duizenden euro's afrekenen. Ik was erbij toen hij 5200 moest afrekenen.'

Uli Rodríguez: 'Ik was erbij toen het om veel meer geld ging. Wesley betrekt iedereen bij een feestje. Vooral na een gewonnen wedstrijd.'

Marcel: 'Iedereen hier is met hem mee geweest, waar ook ter wereld. Er zat geen rem op. We genoten.'

Jacco: 'Hij was vooral een fantastische voetballer. In 2010 behoorde hij tot de top-3 van de wereld. Na de WK-finale in Johannesburg heb ik hem zien huilen. Hij was zo dicht bij zijn hoofdprijs. In Turkije heb ik duizenden mensen zien janken. Echt waar. Ik was bij Wesley toen hij definitief wegging uit Istanboel. We konden de vertrekhal niet in. Er stonden duizenden fans voor de deuren, ze wilden hem tegenhouden. *Wesley blijf bij ons!* Dat maakte hij overal los bij mensen. Hij is een leuke man, maar hij werd bovenal als een grote voetballer gezien.'

Jalal: 'Voor mij is het simpel. Ik zie in hem voor eeuwig de grote voetballer. Een enorm snelle denker in het veld. Typerend voor het Nederlandse voetbal.'

Marcel: 'Die nog meer uit zijn loopbaan had kunnen halen.'

Kaay: 'Moeten halen!'

Wesley (van Kaay): 'Ik zie weleens hoe mensen hem aangapen en adoreren. Maar ik maak hem mee wanneer hij bij ons thuis aan de macaroni zit. Een doorsnee-Ondieper.'

Rodney: 'Dat zal hij nooit meer zijn.'

Jeffrey: 'Hij blijft een wereldster. Ik zat pal voor de Champions League-finale Inter-Bayern in Madrid in een taxi. De chauffeur wist uiteraard niet dat ik Wesley's broer was en liep leeg over Wesley. Hij vond hem zo geweldig. Dat hoor je nog steeds overal. Wes is een man van het volk. Logisch dat hij een baasje is. Ik heb heel veel aan hem te danken. Ik ben slap geweest, gaf me over aan mijn eigen verdriet. Maar

Wesley zorgt voor zijn familie. Daarbij kan hij behoorlijk dominant zijn.'

Fouad: 'En koppig.'

Kaay: 'Hij luistert wel als je alleen met hem bent. Dan geeft-ie zijn ongelijk niet meteen toe, maar later merk je dat hij zijn gedrag toch heeft aangepast.'

Marcel: 'Dat-ie niet nog eens over een auto heen wandelt...'

Dennis: 'Hij kan een dromer zijn, soms een fantast. Ik had volgens hem al meerdere keren miljonair kunnen zijn als ik zaken met hem had opgepakt.'

Kaay: 'Hij leidt een geromantiseerd bestaan, dat klinkt beter dan fantast.'

Jacco: 'Hij moet trainer worden.'

Jeffrey: 'Dat wil-ie nog niet. Maar hij kan het wel en gaat het ook worden.'

Kaay: 'Maar laat hem nou eerst na al die jaren eens vrij leven.'

Marcel: 'Dat heeft-ie best wel gedaan en wij hebben hem daar best wel bij geholpen.'

Uli Rodríguez: 'In Madrid werd te veel gedronken.'

Rodney: 'Dat zit ook in Ondiep. Dat zit blijkbaar in onze aard. Iedereen stapt bij elkaar binnen en iedereen drinkt bij iedereen zijn drankje. Te vaak, te veel. Maar Jeffrey, Wesley en ik hebben ook jarenlang in een keurslijf gezeten. Trainen, trainen, trainen bij Ajax. En dat koppige herken ik wel. Ik heb ook verkeerde keuzes gemaakt, als voetballer.

Ik ben te vroeg bij Ajax weggegaan, te vroeg bij FC Utrecht weggegaan. Geen geduld. Typerend voor de Sneijders.'

Jacco: 'Ook Wesley heeft te kort bij clubs gezeten. Te kort bij Real, te kort bij Inter. Heeft ook met rechtvaardigheidsgevoel te maken. De broers laten zich niet zomaar wegzetten.'

Jeffrey: 'Maar spijt heb ik niet. Rodney en Wesley ook niet. Achteromkijken heeft geen zin, en vooruitkijken trouwens ook niet, haha.'

Marcel: 'We maken ons ook wel zorgen over hem.'

Fouad: 'Met z'n te grote hart. Hij is een goed mens. Dat isie vooral. Iedereen kan een beroep op hem doen. Hij laat niemand in de kou staan. Dan maakt hij ook weleens verkeerde inschattingen en verkeerde vrienden. Er cirkelen altijd mensen om hem heen. Vanwege zijn naam en zijn centjes.'

Kaay: 'Ik heb het eerder gezegd. Van mij mag-ie nu. Hij heeft een beetje gefeest en wij hebben met hem meegefeest. Hoe? Daar is Wes zelf heel open over geweest. Maar het moet wel stoppen. We zeggen hem dat heus wel, maar dan moeten we hem ook echt steunen.'

Jacco: 'Hij moet gewoon weer gelukkig worden.'

Fouad: 'Bij ons is hij gewóón gebleven, maar hij heeft geen gewoon leven geleid. Er was veel glitter en glamour. Privéjets en dure feestjes waren normaal. Hij woonde op de mooiste plekkies op aarde. Van Ibiza tot Qatar. Bij zijn afscheid van Al-Gharafa kreeg hij van zijn medespelers Weiss en Diogo een Rolex cadeau.'

Marcel: 'En daar had hij er al eentje van.'

Dennis: 'Maar hij deelde alles met ons. Hij deelt alles met iedereen.'

Kaay: 'Wesley deelt te veel. Daar moet hij dus mee ophouden. Het kan en moet minder. Dat houden wij hem, als echte vrienden, heus wel voor. Maar dat moeten we niet te vaak doen, anders houdt hij op met luisteren.'

Vrijmibo

Onze laatste ontmoeting voor dit boek vindt plaats ergens aan de Floridadreef, wat uitnodigend klinkt. Een paar minuten voor vier rijd ik een Utrechts industrieterrein op. Mijn navigatiesysteem herkent het opgegeven huisnummer niet. Na drie keer draaien en keren op 'de Dreef' besluit ik Wesley telefonisch om opheldering te vragen, maar op dat moment word ik zelf ontdekt. 'Je moet hier wezen, Jansen,' roept een onvervalste Utrechtse stem.

Ik dien mijn auto te parkeren voor het pand waarop ik de woorden 'Klussen' en 'Daken' herken. Een bedrijfspand. Het is boven, gebaart een vrolijke man met werkkleding aan. Korte broek, trui onder de verf, forse werkschoenen. Van boven klinkt muziek. Het klinkt als een liveoptreden. *Ik wil zo graag met je praten*, luidt het refrein. Er wordt luid meegezongen.

'Het is vrijdag,' verklaart mijn nieuwe vriend, die me stevig vasthoudt wanneer ik me de trap op hijs. 'Hier sluiten we de week af, elke week, soms wel tot zaterdagmiddag twee uur.'

Dit is het clubhuis van de bouwvakker, de schilder en de dakbedekker. Die staan verscholen in het schemerdonker, verzameld aan de bar, rond de enthousiaste zanger. Drankje erbij, een sigaretje, allemaal aanstekelijk blij. Aan de muren hangen grote tv-schermen. Fox Sports zendt voor de zoveelste keer de documentaire uit over de eerste Nederlandse Europa Cup van Feyenoord. Wanneer Henk Wery aan het woord komt, klampt een oudere man, die later niet-onlogisch 'opa' wordt genoemd, mij aan: 'Die komt ook van ons.' De vlot groter groeiende groep mannen heft spontaan het 'Forza Utreg' aan: *Utreg mijn cluppie gaat Europa in, Barcelona maak je borst maar nat... want Utreg is mijn club, we gaan weer voor de Cup...*

Het is kwart over vier en ik krijg een Bacardi met wat cola in de hand gedrukt. 'Geinig toch?' zegt de grijnzende leadzanger tegen me en dat kan ik niet ontkennen.

Wesley vind ik bij de achterste statafel. Met zijn broers en vrienden om zich heen. Ook opgetrommeld vanwege deze laatste ontmoeting. Zij waren erbij in Madrid, in Milaan, in Istanboel en in Qatar. Dus zijn ze er nu ook. Waar Wes gaat, gaan zij. Zij volgen Wesley en Wesley laat zich graag volgen.

Wesley vraagt om de vijf minuten of ik het naar mijn zin heb. Telkens antwoord ik met 'jazeker' en dan danst hij weer weg. Dit is zijn vrijdagmiddagborrel, zijn *vrijmibo*.

Thuis voelt hij zich minder thuis, heb ik de indruk. Hij sleept me liever mee naar 'intiemere' plekjes. Zijn appartement op de negentiende etage, niet ver van het stadion, is klinisch. Het is daar mooi, schoon en ruim. En vanaf het balkon kijk je over de weilanden uit. Maar Wesley is te rusteloos om uren van dat uitzicht te kunnen genieten. Hij wil altijd onderweg zijn. En wanneer hij dan eens thuis is, is de vriendengroep er ook. Om te kaarten. Hij is graag de gastheer.

Dat was hij zeker ook steeds bij onze ontmoetingen voor dit boek, altijd ergens aan het begin van de middag, maar ik vond hem meestal wel een tikkie op zijn hoede. Zeker bij serieuze onderwerpen: zijn vader, moeder, broers, vrouw, Jessey, Xess Xava, geld, toekomst... Hij wilde daar best over praten, maar liever zo kort mogelijk. Meestal stond ik na een uurtje weer buiten. Dan oogde hij opgelucht. 'Volgende keer lullen we weer over voetbal,' beloofden we elkaar, en dan planden we meteen die volgende keer.

Dat was best lastig, want Wesley is druk en vaak buitenshuis. Hij zegt makkelijk af, op een charmante manier: *goeie morgen, amigo, vanmiddag lukt niet, komt een afspraakje tussen, overmorgen dan maar? Dan pakken we door!* Of: *hoi, vriend, ik zie het vandaag ff niet zitten, morgen door gaan?* En dan spraken we af in zijn skybox, hoog in het FC Utrecht-stadion, of in een lunchroom in het centrum van de stad, of in Will's restaurant in Nieuwegein, de zaak van William van der Kaay, Wesley's vriend voor het leven. Wesley komt ook graag bij 'Kaay' thuis, in Ondiep. Daar is het gezellig, grappig en warm. Dat is ook te danken aan zijn vrouw, zoons, schoondochters en kleinkind. Soms lopen ze elkaar in de woonkamer allemaal tegelijkertijd in de weg. Wesley sprak daar een hoofdstuk vol over zijn toekomst. Mevrouw Kaay schonk een wijntje in, kwam met gehaktballen, daarna met een aanzienlijk bord macaroni en bracht tenslotte een kom yoghurt. Een bedankje vond ze nogal overdreven. 'Het zou een schande voor de wijk zijn als ik je met een lege maag en uitgedroogd de straat op stuur.' Vond Wesley ook. Spinnend van tevredenheid keek hij toe. 'Gezellig toch?'

Gezellig was het ook in Will's. Ik ben daar zo vaak geweest en heb daar zo vaak vergeefs naar mijn portemonnee gegrepen, dat ik er op een vrijdagavond spontaan met mijn familie naartoe ben gereden om er serieus te gaan dineren. Zodat ik een keer zelf kon betalen.

De gastvrijheid van Wesley en zijn vrienden is soms verstikkend. Zij betalen alles, jij mag niks. Dat is hun erecode. Zijn box in het stadion zit daarom elke thuiswedstrijd van de FC vol met vrienden, want hij heeft er tallozen. DHSC'ers, Ondiepers. Sneijders motto: 'Die gasten moeten ook genieten,' en dat doen zij, soms ook van de wedstrijd. Een enkele keer trof ik hem, daags na een duel, aan in zijn box, wat dan zijn kantoor is. Daar ging het alleen over voetbal, over spelers, over trainers en over tactiek. Dan voelt hij zich veilig.

Bij het vissen ook, zo bleek. Een oude, nieuwe passie.

Waarbij hij zich wel kan concentreren, zelfs wanneer ik naast hem zit te babbelen. En ook al zitten zijn vrienden een stukkie verderop aan het kanaal. Wesley kan zwijgend naar zijn dobber staren en oprecht blij worden wanneer hij een baars vangt.

Nu geeft hij zich over aan zijn vrijmibo. Omringd door bouwvakkers, schilders en dakbedekkers. Hij lacht, danst en zingt ook. Met zijn vertrouwde groep om zich heen. Nog steeds vraagt hij tussendoor hoe het met me gaat. 'Prima, Wes.' En weg is-ie weer.

Wesley Sneijder, Nederlands recordinternational met 134 interlands, wereldburger en wereldvoetballer. En nog altijd in het nieuws. Nog altijd moeilijk te doorgronden, omdat hij daar bijna niemand echt de kans toe geeft. Als de eeuwige Ondieper die hij is. 'Afkomst moet en mag je niet verloochenen,' is een van zijn lijfspreuken. 'En dat wil ik ook helemaal niet.'

Alleen al daarom is hij een man om van te houden. Vind ik.

In de vooravond verlaat ik 'de Dreef'. Wesley Sneijder laat me uit, met een grote grijns.

Ik denk aan een van zijn andere uitspraken: 'Ik ben altijd vrolijk, maar dat wil niet zeggen dat ik altijd gelukkig ben.'